D1731719

Herta F. Kraupa-Tuskany

Reiten

Vom ersten Schritt zum Reiterglück

Seite 2: Vom Stall auf die Koppel im Gestüt Sütvény in Ungarn

ISBN 3 8068 5033 X

© 1980 by Falken-Verlag GmbH, 6272 Niedernhausen/Ts.
Fotos: Anthony Verlag, Archiv für Kunst und Geschichte,
Foto-Eckhardt, W. Storto, C. Kraupa-Tuskany, Foto-Mitschke, Reinhard-Tierfoto
Satz, Druck und Bindung: Gerhard Stalling AG, Oldenburg (Oldb)

817 2635 4453

Inhalt

Einführung

Polo in Ladagh

Das Reiten ist die einzige Sportart, die der Mensch nur in unmittelbarer Verbindung und Gemeinschaft mit einem Tier ausüben kann. Er hat es hier nicht wie beim Tennis, Hockey, Golf oder anderem mit einem Sportgerät zu tun, sondern mit einem Wesen aus Fleisch und Blut und ausgeprägter Eigenart. Das bedingt die absolute Übereinstimmung zweier grundverschiedener Lebewesen. Diese Tatsache muß jedem Reiter und nicht nur dem Anfänger immer bewußt bleiben, muß sein Handeln und seine Haltung bestimmen.

Das Reiten ist also als eine »Zweisamkeit« zu verstehen: gemeinsames Bemühen, gemeinsame Leistung, gemeinsamer Erfolg. Da der Reiter der denkende und führende Teil dieser Partnerschaft ist, trägt er seinem Sportkameraden gegenüber eine außerordentlich hohe Verantwortung. Er wird dieser Aufgabe nur dann gerecht werden können, wenn er eine gründliche Kenntnis über das Pferd besitzt, über seinen Ursprung, seine Entwicklung, seine Lebensbedürfnisse und die Lebensbedingungen. So allein kann er Art und Eigenschaften des Pferdes verstehen. Ein gutes Wissen über die Anatomie, die Bewegungsmechanik und nicht zuletzt über das Wesen des Pferdes ist die nächste Voraussetzung, um zu der Harmonie zwischen Reiter und Pferd zu gelangen, die wir Reiten nennen.

In einem alten Lexikon fand ich einmal den Begriff des Reitens wie folgt definiert:

»Reiten – die Kunstfertigkeit, ein Tier, auf dessen Rücken man sitzt, durch Einwirkung des eigenen Körpers nach Gefallen zu tummeln...«

Das klingt für uns heute ebenso lustig wie einfach; aber Wesentliches ist damit bereits gesagt, wenn wir das Wort »Gefallen« durch »den Willen des Reiters« und das Wort »tummeln« durch »bewegen« ersetzen. Um diesen kleinen simplen Satz herum reihen sich jedoch viele Kapitel des Lehrens und Lernens, die in diesem Buch behandelt und durch Bilder wie Zeichnungen anschaulich gemacht werden sollen. Wenn auch die Grundprinzipien des Reitens über Zeit und Raum hin die gleichen blieben, so wurde doch nicht zu jeder Epoche und in jedem Lande der gleiche Reitstil gepflegt. Im Gegenteil, die Geschichte der Reitkunst zeigt uns manchen Wechsel und Unterschiedlichkeiten in der Manier des Reitens, die jeweils den äußeren Gegebenheiten oder einer bestimmten Auffassung entsprechen mußten. Auch hiervon soll in diesem Buch die Rede sein, um die verschiedenen Aspekte des Reitens aufzuzeigen. Diese Aspekte haben sich in den letzten Jahren, da der Reitsport einen unverhofft großen Aufschwung nahm, erweitert. Freizeitreiterei, Therapeutisches Reiten sind Begriffe unserer Zeit. Ihre Bedeutung ist nicht mehr zu übersehen. So soll hier ein weitgespannter Bogen das Reiten und die Reitkunst umfassen, um die Liebe zum Pferd, das Interesse am Reitsport und das vielgepriesene, vielerfahrene Glück des Reitens noch zu vertiefen.

Reiten im Spiegel der Geschichte

Die Geschichte des Reitens und der Reitkunst können wir von ihrem frühen Ursprung in vorchristlicher Zeit über die verschiedenen Epochen bis in unsere Tage hin verfolgen. Sie wurde uns durch die Vielzahl bildlicher Darstellungen, Skulpturen sowie ein reiches Schrifttum überliefert und in ihren einzelnen Entwicklungsstufen anschaulich gemacht. Wie weit diese Zeugnisse in unsere Geschichte zurückführen, mag manchen erstaunen. Das Thema »Reiter und Pferd« hat seit Jahrtausenden die Gestaltungskraft der Menschen angeregt.

Es ist nicht bestimmbar, ob der Mensch sich das Pferd nach dessen Domestikation als erstes zum Fahren oder zum Reiten nutzbar machte. Vermutet wird allerdings, daß das Anspannen vor dem »Aufsitzen« gebräuchlich war, eine Theorie, auf die vor allem die frühen Darstellungen von Streitwagen hinweisen. Wenn wir uns vergegenwärtigen, wie viel Geduld, Zeit, Erfahrung und Einfühlungsvermögen das Zureiten eines jungen Pferdes erfordert, und zwar eines Pferdes, dessen Vorfahren seit Generationen dem Menschen dienstbar waren, so können wir ermessen, was unsere Ahnen vor viertausend Jahren vollbrachten, wenn sie Tiere, die kaum dem Wildpferddasein entwachsen waren, als Reiter beherrschten. Allerdings sind die Pferde jener Zeit kleiner gewesen, plumper und – wie angenommen wird – ruhiger in ihren Bewegungen. Meist wurde auf dem nackten Pferderücken geritten, oder Decken dienten als Unterlage. Der Gebrauch des Sattels und der Sporen blieb einer späteren Zeit vorbehalten; nur die Gerte diente bereits als Hilfsmittel. Der Steigbügel war bis zum 4. Jahrhundert n. Chr. unbekannt. Um so erstaunlicher erscheint die Zäumung, welche die frühen Reiter verwendeten. Mit Stirn- und Nasenriemen, Backenstück, Gebiß und Zügel – wie wir sie auf vielen Abbildungen dargestellt sehen – gleicht sie im Prinzip schon der heutigen Zäumung. Gebrochene sowie ungebrochene Gebisse, unserer Trense ähnelnd, sind uns aus dem Zeitraum zwischen dem zweiten und ersten Jahrhundert v. Chr. erhalten. Der Mensch von damals wußte also, wie er die Verbindung zum Pferd fand, die es ermöglichte, es zu lenken. Es gab allerdings auch Reitervölker, wie z. B. die Numidier – Hirtenstämme mit kleinen, mageren Rößlein – die gänzlich ohne Zäumung ritten. Schenkel, Gerte und Stimme stellten ihre einzigen Hilfen dar, sogar

im Kampfgetümmel der Schlachten. Zu jenen Zeiten waren Sitz und Schenkelhaltung bei den einzelnen Völkern sehr unterschiedlich. So finden wir Abbildungen, die den Reiter fast auf der Kruppe, andere, die ihn knapp hinter dem Widerrist sitzend zeigen, teils mit angewinkelten, teils mit gerade herabhängenden Beinen.

Im frühen Altertum, also eigentlich in den Kindertagen der Menschheit, war das Reiten noch weit davon entfernt, eine Kunst zu sein oder einen bestimmten Stil zu prägen. Es mußte den Bedürfnissen nomadisierender Reitervölker, den Anforderungen des Krieges und der Jagd entsprechen. Dieses »Sich-auf-dem-Pferde-vorwärtsbe-

»Pferde«, eine persische Miniatur

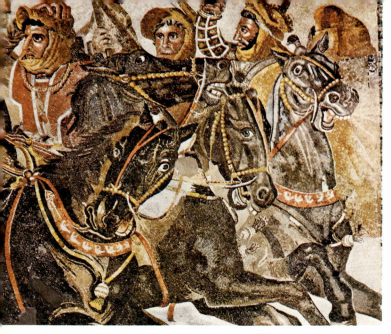

Teilstück der »Alexanderschlacht« 333 v. Chr., Mosaik

wegen« war ein naturhaftes, nicht kultiviertes Reiten, wie es z. B. die Skythen, Assyrer und – zwar schon auf höherer Stufe – die Reitertruppen der damals mächtigen Perser übten. Ihre reiterlichen Gepflogenheiten und ihre Ausrüstungen finden wir auf Fels- und Wandmalereien, Reliefs, auf Vasen, Schalen, Schilden und anderen bemalten Gegenständen sehr eindrucksvoll dargestellt.

Die klassische Antike brachte einen in der Geschichte der Reitkunst hervorragenden Höhepunkt reiterlicher Erziehung, Haltung und reiterlichen Könnens. Es waren die Griechen, die als erste das Reiten zur Kunst erhoben. Dem Wesen der hellenistischen Reiterei lag eine geistige Einstellung zugrunde: das Streben nach Harmonie, der Einheitsgedanke. Hierin unterschied sich von der Gebrauchsreiterei der Naturvölker, und so wurde sie zu einer Kultur entwickelt. Ihr Vollkommenheitsgrad wird uns nicht allein durch die Werke der bildenden Kunst verdeutlicht, sondern auch durch die Literatur. Das erste schriftliche Zeugnis der damaligen Reitkunst und Pferdehaltung, ein Handbuch des Simon von Athen, blieb leider nur bruch-

stückhaft erhalten; doch sind uns verschiedene Teile des aufschlußreichen Buches bekannt, da ein anderer griechischer Schriftsteller sie in seinem späteren Werk zitiert. Es ist der Staatsmann, Feldherr und Reiterführer Xenophon (430–354 v. Chr.), der in klarer Sprache eine Reitlehre verfaßte, die im Grundsätzlichen heute noch absolute Gültigkeit hat und als eines der bedeutendsten hippologischen Werke geschätzt wird. Hierin hat Xenophon aus genialer Einfühlungsgabe, Erfahrung und einem umfassenden Wissen heraus präzise und detailliert die Ausbildung des Reiters sowie Schulung und Pflege des Pferdes niedergelegt. Dressur, Kriegs- und Geländereiterei standen auf einer Stufe, wie sie erst fast zweitausend Jahre später wieder erreicht werden sollte.

Mit dem Verfall des Hellenentums begann auch der Abstieg reiterlicher Kultur. Zuvor jedoch hatte griechische Reitkunst den Römern als Vorbild gegolten, obgleich die eigentliche Stärke der Römer auf ihren weltweiten, weltbewegenden Kriegszügen nicht die Kavallerie, sondern das Fußvolk, ihre Legionen waren. Das erwies sich bei zahlreichen Kämpfen gegen feindliche Reiterscharen, wie Arabern, Beduinen oder Mauren. Schließlich wandelte sich auch das Gewicht sportlicher, wettkämpferischer Veranstaltungen zugunsten der Streitwagen. Die reiterliche Erziehung wurde vernachlässigt. Neue Impulse für die Kriegsreiterei brachten noch einmal die in römischen Diensten stehenden gallischen und germanischen Hilfstruppen. Die reiterliche Gewandtheit der Gallier wurde viel gerühmt; die vernichtende Schlagkraft der schweren Reiterei der Goten haben die Römer schließlich selbst in verhängnisvollem Maße zu spüren bekommen.

Es trat nun eine lange Pause für die Entwicklung und Pflege der Reitkunst ein. Zur Zeit der Völkerwanderung verfiel sie fast gänzlich. Das Pferd wurde Gebrauchstier für Kampf, Jagd und Fortbewegung. Das Reitervolk der Hunnen brachte um das 4. Jahrhundert allerdings eine bedeutsame Neuerung für das gesamte Reitwesen: Auf ihren weiten Kriegs- und Raubzügen haben sie den Steigbügel entwickelt, zunächst einfach aus drei Holzstäben in Form eines Triangels zusammengefügt. Diese Erfindung änderte die bisher geübte Stellung von Fuß und Bein. Hatte Xenophon noch angeraten, daß das Bein locker mit nach unten zeigenden Zehen hängen sollte, so ergab sich nun durch den Steigbügel die Stütze des Fußes und somit eine verstärkte Einwirkung des Schenkels, was allerdings beim Spaltsitz nur bedingt möglich war. Zu erwähnen bliebe noch, daß bereits im 1. Jahrhundert n. Chr. das Hufeisen – vermutlich in Britannien – zum ersten Male verwendet wurde, ebenfalls ein beachtlicher Fortschritt für die gesamte Reiterei. Jede Epoche wird durch die verschiedensten Gegebenheiten geprägt und trägt in allen ihren Äußerungen die Zeichen einer bestimmenden Art. So war auch das Reitwesen im Laufe der Geschichte immer wieder einem epochebedingten Wechsel unterworfen.

Im frühen Mittelalter wandelte sich die Taktik der Kriegsreiterei vom Einzelkampf zur Attacke geschlossener Reitertruppen. Wurden die Mann-gegen-Mann-Kämpfe auf leichten, wendigen Pferden, wie sie z. B. Araber und Hunnen ritten, ausgefochten, so forderte die schwergewappnete Reiterei der Franken schon Rosse eines mächtigen Schlages. Nicht die kunstvolle Wendigkeit im Kampf mit ihren Figuren Courbette, Pirouette, Levade oder Capriole, wie sie noch heute in der Hohen Schule ausgeführt werden, verbürgte nunmehr die kriegerische Überlegenheit, sondern die Wucht des massiven Angriffs. Ein Beispiel dafür ist der Sieg Karl Martells über die leichte Reiterei der Sarazenen in der Schlacht bei Poitiers.

Die Zeit der Kreuzzüge im Hochmittelalter zeigt in den Kämpfen der Franken (die, wie es Sitte war, nur Hengste ritten) gegen die Türken und Sarazenen (deren Pferde Stuten waren) die unterschiedlichste Reitweise deutlich auf. Die Moslems ritten schnelle, leichte Pferde, saßen auf reichverzierten Sätteln in bequemer Haltung, fast schwebend, mit kurzen Steigbügeln, die Knie hochgezogen. In dieser Haltung waren sie den wuchtigen Lanzenstößen ihrer schwergewappneten Gegner ausgeliefert. Ihr einziger Vorteil lag in der großen Beweglichkeit gegenüber den schwerfälligen Feinden. Die Ritter saßen mit langgestreckten, gegen den Steigbügel gestemmten Beinen, die Fußspitzen weit nach vorn unten gerichtet, zu Pferd, fest an den hohen Sattelkranz gelehnt. Hier wie dort können wir von reiterlicher Kunstfertigkeit, nicht aber von reiterlicher Kunst sprechen.

Das Spätmittelalter, die Zeit der Turniere und der höfischen Minne, ließ dann die Reiterei in unseren Breiten vollends in schweren Formen und Eisen erstarren. Gepanzerte Pferde und gepanzerte, in ihren Bewegungen behinderte Ritter zeigten ein dem Wesen des Pferdes und dem Sinn des Reitens völlig entgegengesetztes Verhalten. Je mehr sich aus dem Kriegsdienst der Ritterdienst entwickelte, um so unbeweglicher wurde das Reiten an sich. Dennoch können wir uns dem Reiz jener Zeit der Ritter und Turniere nicht entziehen, einer harten Zeit, die uns heute romantisch erscheint, und die sich in bezaubernden Miniaturen, in ausdrucksvollen Holzschnitten, in Gemälden und einigen wenigen Skulpturen, wie z. B. dem Bamberger Reiter, widerspiegelt. Der Reitstil als Ausdruck ritterlicher Haltung im Spätmittelalter mag allerdings der Kritik heutiger Reiter nicht standhalten. Eine Verbindung zwischen Reiter und Pferd konnte gar nicht bestehen; das gepanzerte Bein spürte nicht den gepanzerten Pferdeleib, die gepanzerte, schildtragende Hand fühlte kaum den Zügel. Ein quälendes Gebiß, nicht selten ein wahres Folterinstrument, und große lange Sporen mußten dem Roß den Willen des Reiters übermitteln. Die Leistung des Ritters lag darin, sein Pferd im Trab oder sogar im vollen Galopp geradlinig auf seinen Gegner zuzureiten, sich dabei trotz schwerer Rüstung, Schild und Lanze fest im Sattel zu halten, das Pferd am Ausbrechen zu hindern und dann den gezielten Lanzenstoß auszuführen beziehungs-

weise den gegnerischen Stoß zu parieren. Die Leistung des Pferdes aber war es, mit der Drei-Zentner-Last, die Reiter und Rüstung ihm aufbürdeten, den Kampf durchzustehen. Nur schwere Pferde, Gewichtsträger, waren dieser Aufgabe gewachsen. Die Erfindung der Handfeuerwaffen führte zur Forderung nach leichteren, wendigen Pferden und nach Reitern, die ihr Roß geschickt beherrschten. Die harte aber auch glanzvolle Ära des Rittertums ging zu Ende.

Die Renaissance brachte mit dem wiedererwachten Bewußtsein für die Antike und mit dem Aufleben der schönen Künste auch ein neues Verständnis für die Kunst des Reitens. Italien war das Land, von dem diese Erneuerung ausging. Vielerorts entstanden Reitakademien, Wiegen der klassischen italienischen Schulreiterei. Die dort geübte Ausbildung mußte kriegerischen, jagdlichen und sportlichen Anforderungen genügen. Der neapolitanische Edelmann Federigo Grisone, später »Vater der Reitkunst« genannt, gründete in seiner Heimatstadt eine Reitakademie, die bald zu einem Mittelpunkt reiterlicher Kultur wurde, besucht von jungen Adeligen aus fast allen europäischen Ländern. Grisone veröffentlichte im Jahre 1550 eine Reitlehre, die weitgehend auf den Grundsätzen Xenophons fußt. Sein Werk errang in den folgenden Zeiten große Bedeutung und beeinflußte die gesamte Reiterei Westeuropas. So wurde Xeno-

»Das Turnier«, kolorierter Kupferstich von François Chaveau, 17. Jahrhundert

phons Reitlehre fast 2000 Jahre nach seinem Wirken erneut gewürdigt und bewies ihre zeitlose Gültigkeit. In manchen Punkten unterschieden sich jedoch die Methoden der beiden großen Reitmeister, so z. B. in der Ausbildung und Dressur des Pferdes. Während sie bei Xenophon auf einfühlender, guter Behandlung beruhte, führten Grisone und seine Schüler, vor allem der berühmte Pignatelli, die Dressur mit Strenge und Härte durch. Ein Schlag mit dem Stock zwischen die Ohren des Pferdes, jene äußerst empfindliche Stelle, oder das Anherrschen und Brüllen mit drohender Stimme galten als empfehlenswerte Hilfsmethoden bei der Ausbildung. Die langhebeligen Gebisse, die Grisone und Pignatelli ersannen, samt und sonders Kandaren, wurden von ihnen als »sanfte Gebisse« bezeichnet; sie sind aber nach heutigem Maßstab nur um ein geringes milder als die Marterinstrumente der Ritterzeit. Dennoch stand unbestreitbar die italienische Reitkunst der Hochrenaissance, welche eine dressurmäßige Beherrschung des Pferdes und die Übungen der Hohen Schule voraussetzte, auf hervorragendem Niveau und gab der jahrhundertelang vernachlässigten oder entarteten Reiterei neuen Aufschwung. Einige Schüler der Reitakademie Grisones wurden bedeutende Lehrmeister der klassischen italienischen Schulreiterei. Sie verbreiteten ihr Wissen und Können auch in anderen Ländern, vor allem in Spanien, Frankreich, Deutschland und England. Ihr Wirken reichte schon in die Zeit des Barocks, jener Epoche dramatischer Bewegtheit, verschwenderischer Fülle und Pracht, die der maßvollen Klarheit der Renaissance folgte.

Wie alle Lebensäußerungen des Barocks, bildende Kunst, Musik, Dichtung und Theater, durch eine überschwengliche, bejahende, weltoffene Art gekennzeichnet sind, so erlangte auch die Reitkunst, voran die Schulreiterei, glänzende hohe Vollkommenheit. Die zahlreichen Reiterstandbilder (z. B. der Große Kurfürst von Schlüter) und die reiterlichen Darstellungen auf Gemälden und Stichen zeigen großzügige, schwungvolle Bewegungen, die zugleich in Bestimmungen und Form gehalten sind.

In Frankreich war zu jener Zeit die Kultur des Reitens, gemessen an anderen europäischen Ländern, am höchsten entwickelt. Ein berühmter Meister wirkte dort: Antoine de Pluvinel. Er war ein Schüler Pignatellis, dessen Lehren er übernommen hatte und anwandte, wobei er allerdings die harten Ausbildungsmethoden durch eine individuell gestaltete, mit viel Geduld und Güte vorgenommene Dressur ersetzte. Er erfand die Pilaren, jene Pfosten, zwischen denen Pferde gearbeitet werden, wie es bis heute in der Spanischen Reitschule in Wien geübt wird. Pluvinel gründete in Paris zu Beginn des 17. Jahrhunderts eine Akademie, ein berühmtes Reiterzentrum junger europäischer Edelleute, und wurde schließlich Reitlehrer seines Königs, Ludwig XIII. Als gereifter Mann schrieb er seine reiterlichen Grundsätze und Erfahrungen in Form eines Dialogs mit dem König nieder. Das Werk »Manége du Roy« erschien im Jahre 1623. Die französische Reitkunst hatte nunmehr einen beherrschenden Rang erworben. So konnten auch die Lehren des deutschen Reitmeisters Georg Engelhardt von Löhneysen, die er 1588 in einem umfangreichen Werk festgehalten hatte, keinen bleibenden Einfluß gewinnen. Der in England und zeitweilig in Paris und Brüssel wirkende Herzog von Newcastle galt ebenfalls als großer, allerdings eigenwilliger Meister der Reitkunst. Doch konnte auch er nur eine begrenzte Zeit lang und einen bestimmten Kreis mit seinen Auffassungen überzeugen. Das Hauptgewicht legte er auf die Schulreiterei; er forderte wie Pluvinel Geduld und Güte bei der Behandlung der Pferde und Ausübung der Dressur, war aber ein überzeugter Verfechter der Verkürzung aller Gangarten. Dabei verwendete er Kappzäume und die verschiedensten selbsterdachten Hilfszügel, die dazu führten, daß den Pferden die Köpfe heruntergezogen und die Hälse unnatürlich gebogen wurden. Auch Landsleute, deren Interesse vor allem der Jagd, den neu aufgekommenen Pferderennen und natürlicher Geländereiterei galt, zeigten wenig Verständnis für diese Methoden, wie denn auch sein 1657 erscheinendes Prachtwerk über die Reitkunst keine nachhaltige Resonanz fand. In England war die Jagdreiterei außerordentlich beliebt und sehr verbreitet. Das damit verbundene Überwinden natürlicher Hindernisse wird als Ursprung der Springreiterei angesehen, die sich vom Ende des 17. Jahrhunderts an langsam zu entwickeln begann. Auch in anderen Ländern Europas schätzte man die Jagd zu Pferde sehr; wendige, leichtere Pferde wurden hierbei gebraucht, wie sie dann auch für den Kriegsdienst verwendet wurden.

Die schwerste kriegerische Auseinandersetzung im europäischen Raum, der Dreißigjährige Krieg, hat der bewaffneten Reiterei eine entscheidende Rolle zugewiesen und ihre Entwicklung vorangetrieben. Die Geländereiterei war hier dem Schulreiten überlegen. Es kam auf die Schnelligkeit, auf behendes Geschick von Reiter und Roß in der geschlossenen Abteilung an. So können wir feststellen, daß sich Kriegsreiterei und Schulreitkunst zeitweilig unabhängig voneinander entwickelten.

Die Schulreiterei erhielt dann zu Beginn des 18. Jahrhunderts neue Impulse durch den berühmten französischen Meister François R. de la Guérinière, dessen Lehren weit über die Grenzen seines Landes und über einen langen Zeitraum hin wirksam wurden. Losgelassenheit und Geschmeidigkeit des Pferdes waren seine unbedingten Forderungen für jede reiterliche Übung. Revolutionierend aber war

Buchminiatur aus den Stundenbüchern des Herzogs von Berry, Paul von Limburg, nach 1400

vor allem die Ablösung des Spaltsitzes durch den von ihm entwickelten Schulsitz, der den Reiter fest in den Sattel brachte und ihm neue Anwendungsmöglichkeiten der Gewichts- und besonders der Schenkelhilfen gab. Guérinières Grundsätze erhoben die Hohe Schule zur Vollendung. Noch heute werden die Dressurmethoden, die er in dem richtungsweisenden, 1733 erschienenen Buch »Ecole de Cavalerie« niederlegte, an der Spanischen Reitschule zu Wien praktiziert. Die einzelnen Lektionen der Hohen Schule finden wir auf zeitgenössischen Stichen wie denen des »vortrefflichen Thiermalers« J. E. Ridinger kunstvoll und präzise dargestellt. Sie offenbaren die Eleganz, Grazie, den Schwung und die Beherrschtheit der Bewegung von Reiter und Pferd.

Ein neues Kapitel der Kriegsreiterei begann mit der Regierungszeit Friedrichs des Großen. Die bewährte brandenburgische Reitertruppe des Großen Kurfürsten war unter dem Preußenkönig Friedrich Wilhelm I. zahlenmäßig reduziert und in ihrer Einsatzfähigkeit so abgesunken, daß Friedrich der Große die Notwendigkeit einer völligen Reorganisation der preußischen Kavallerie und einer Reform der Ausbildungsmethoden erkannte. Er betraute F. W. v. Seydlitz, den späteren Kavalleriegeneral und genialen Reiterführer, mit der Aufgabe, Kampfgeist und Kampfkraft der berittenen Truppen, Kürassiere, Dragoner und Husaren, das auf das höchste zu steigern. Seydlitz war ein Mann, der schon von Kind an mit Pferden aufgewachsen war und der die Technik und Kunst des Reitens hervorragend, ja bis zur Virtuosität beherrschte. Die Schulung der Truppen ließ er durch harte, vielseitige Einzelausbildung von Reiter und Pferd in Dressur, vor allem aber im Geländereiten durchführen. Die friderizianischen Feldzüge bewiesen den Erfolg seiner Methode. Schnelligkeit, Mut und Geschick der preußischen Kavallerie galten als beispielhaft und wurden besonders von den Engländern anerkannt.

In Österreich, das bedeutende reiterliche Tradition besaß, entstand eine – heute weltberühmte – Stätte der klassischen Reitkunst. Karl VI. gründete in Wien die Spanische Hofreitschule, in deren 1735 fertiggestelltem herrlichem Barockbau von nun an die Hohe Schule nach Guérinières Lehren geübt wurde.

Etwa dreißig Jahre später entstand eine weitere Reitschule in Europa, die sich im Laufe der Zeit zu einer Hochburg klassischer Reitkunst entwickeln sollte. Es ist die französische Kavallerieschule in Saumur, mit den berühmten Elitereitern und Ausbildern, dem »Cadre Noir«. 1768 in kleinem Rahmen gegründet, wurde sie 1814 erweitert und übernahm die Tradition der Kavallerieschule von Versailles.

Der Einfluß großer französischer Reitmeister auf viele europäische Länder blieb fast das gesamte 18. Jahrhundert hindurch wirksam. Dann allerdings brachten die französische Revolution, die Unruhen der Folgezeit und schließlich die napoleonischen Kriege einen schweren Rückschlag für das Reitwesen. Die Verluste der Kavallerie waren außerordentlich hoch, und der Verschleiß von Pferden nahm gewaltige Ausmaße an. Eine methodische Ausbildung der Reiter konnte kaum noch durchgeführt werden; die Pferde wurden abgerichtet. Erst nach den Befreiungskriegen und dem Wiener Kongress begann eine Neubelebung der Reitkunst wie auch der bildenden Künste und der Wissenschaften. Obgleich im Laufe des 19. Jahrhunderts die traditionelle Hohe Schule zugunsten der Kriegs-, Jagd- und Geländereiterei etwas in den Hintergrund trat, so gab es doch auch in jener Zeit eine Reihe bedeutender Lehrmeister der klassischen Reitkunst. Einer von ihnen, der Franzose François Baucher, übten großen, aber später als unheilvoll erkannten Einfluß auf die Schulreiterei aus. Seine umstrittene, sehr komplizierte Dressurmethode basierte darauf, die natürlichen, instinktmäßigen Kräfte des Pferdes durch übertragene, zusätzliche »Hilfsmittel« zu ersetzen. So vorteilhaft dieser begabte Reiter diese Methoden selbst anzuwenden wußte, so ergaben sie doch bei der Ausführung durch andere häufig verdorbene Gänge, schwunglose Bewegungen des Pferdes und das Fehlen der Durchlässigkeit. Bestimmend für den Reitstil und die kriegsreiterliche Ausbildung in Frankreich blieb daher die Kavallerieschule von Saumur. Im deutschen Raum war ab 1867 das Königlich Preußische Militär-Reitinstitut zu Hannover führend. Seinen Ruf begründeten hochqualifizierte Lehrer durch eine ungemein gründliche Schulung besonders talentierter Reiter und ausgewählter Pferde; sein Einfluß ist noch heute spürbar.

In der Zeit der Industrialisierung mit ihren revolutionierenden Erfindungen, mit den verschiedensten Strömungen, Aufbrüchen und Wandlungen war auch die Reiterei durchaus vielseitig; neue Entwicklungen kündigten sich an. Rennsport und Springreiterei gewannen mehr und mehr an Bedeutung. Gegen Ende des 19. Jahrhunderts trat der italienische Kavallerieoffizier Federigo Caprilli mit einer völlig unorthodoxen reiterlichen Auffassung hervor. Er verzichtete auf den Kernpunkt der klassischen Reitkunst, die Versammlung, damit der natürliche Vorwärtsdrang des Pferdes und seine Streckung vor allem beim Sprung nicht behindert werde. Caprilli entwickelte den »Italienischen Sitz«, einen leichten Sitz mit verkürzten Bügeln und Neigung des Reiters nach vorn. Sein Reitstil entsprach mehr dem »natürlichen« als dem »schulischen« Reiten und bewährte sich besonders im Gelände und bei Springturnieren. Er galt damals als Novum und kann heute im weitesten Sinne als Vorläufer des freien Reitens im Freizeitreitstil angesehen werden.

Mit der rasanten Entwicklung der Technik in unserem Jahrhundert schien zunächst die Gefahr gegeben, daß die Reitkunst verkümmern und das Pferd von Maschine und Motor verdrängt werden könnte. Für die Kriegsreiterei trifft dies auch in vollem Maße zu. Hier hat eine jahrtausendalte Tradition ihr Ende gefunden, ein Zweig der Reiterei, der maßgeblich für die Entwicklung verschiedener Methoden und Stile gewesen war. Zwischen den beiden Weltkriegen beschränkte sich das Reiten hauptsächlich auf den Renn- und Turniersport und galt im übrigen als Sport gehobener Gesellschaftsschichten. Es wurden ihm wenig Chancen einer breiten Weiterentwicklung eingeräumt. Der große Förderer des Reitsports Gustav Rau setzte sich daher für die Gründung ländlicher Reit- und Fahrvereine ein. Er hatte die Zukunftsforderungen weitblickend erkannt und bereits vor dem ersten Weltkrieg dazu geraten, dem Reiten als Sport größere Bedeutung beizumessen und der Pferdezucht eine neue, dementsprechende Richtung zu geben. Da sich die Aufgaben des Pferdes im militärischen Bereich erschöpft hatten, war Gustav Rau dann zwischen den beiden großen Kriegen bemüht, seine Ideen mit Tatkraft und großem Organisationstalent zu verwirklichen. Die Reiterei und die Pferdezucht wurden gleichermaßen auf das Ziel »Sport« ausgerichtet. Das konnte nur im ländlichen Bereich durchgeführt werden; Basis waren die ländlichen Reitvereine.

Ohne das vorausschauende Handeln Gustav Raus ist das heutige hohe Niveau der Pferdezucht und des Reitsports in unserem Lande nicht denkbar.

Durch die Technisierung, die unser Leben zu beherrschen begann, entstand das Bedürfnis, sich einen Ausgleich zu schaffen und die Verbindung zur Natur zu suchen. Dies führte neben anderem zur Belebung des Reitsports, der heute einen sehr großen Kreis von Menschen erfaßt, begeistert und gesund erhält. Das Reiten ist in unserer Zeit und in unserem Land ein Volkssport geworden mit vielseitigen Möglichkeiten.

Zu keinem Zeitpunkt unserer historischen Vergangenheit hat die Reiterei, die nicht zweckgebunden ist, eine solche Verbreitung erfahren. Diese Tatsache gibt uns die Hoffnung, daß dem Pferd und dem Reitsport auch in Zukunft ein wichtiger Platz im Leben der Menschen gesichert sein wird. Daraus ergibt sich zugleich die Verpflichtung, für die heimische Pferdezucht eine breite Basis zu schaffen, um sie gezielt und umsichtig betreiben zu können.

Die Erfahrungen aus vergangenen Epochen kommen uns hierbei wie bei der reiterlichen Erziehung und Praxis zugute und sollten nicht außer acht gelassen werden.

Hifthornblasender Jäger, kolorierter Kupferstich von Johann Elias Ridinger (1658–1767)

Das Pferd und seine Entwicklung

Eohippus ist die Bezeichnung für den Stammvater unserer heutigen Pferde. Er war ein kleines, behendes Tierchen, fuchsgroß nur, ein Laubfresser mit länglichem Kopf, kleinen scharfen Zähnen und — was ihn besonders von seinen großen Nachfahren unterscheidet — er besaß Zehen: vier an den vorderen, drei an den hinteren Gliedmaßen. Das Pferdchen lebte vor ca. 60 Millionen Jahren, im Zeitalter des Eozän, in den üppigen feuchtwarmen Wäldern seiner Urheimat Nordamerika. Aber auch in den Sumpfwäldern Europas waren die kleinen blätterfressenden Vorfahren unserer Pferde zu Hause. Das beweisen fossile Funde; so wurde vor einiger Zeit in der einstigen Ölschiefergrube Messel bei Darmstadt ein Urpferdchen entdeckt und ausgegraben. Die erstaunlich gut erhaltenen Überreste dieses vor 50 Millionen Jahren lebenden Eohippus sind im Hessischen Landesmuseum in Darmstadt zu sehen.

Die weitere Entwicklung des Tierchens, die sich über riesige Zeiträume hin erstreckte, vollzog sich aber allein im nördlichen Amerika. Das europäische Urpferd starb aus. Es wird angenommen, daß es sich den klimatischen Veränderungen nicht anzupassen vermochte, ganz im Gegensatz zum amerikanischen Urpferd, dessen Entwicklung sich gerade aus der Anpassung an eine veränderte Umwelt und neue Lebensbedingungen ergab. Das Klima hatte gewechselt. Aus Waldflächen war Steppenland geworden. Der Laubfresser mußte sich auf trockene Nahrung umstellen. So formte sich aus den kleinen spitzen Zähnen ein zum Kauen und Zermahlen harter Steppengräser geeignetes kräftiges Gebiß, so etwa wie es das heutige Pferd besitzt. Wuchs und Laufvermögen nahmen zu, denn das von Raubtieren bedrohte, wehrlose Pferd konnte sich in den Weiten der Ebene nur durch die Flucht retten. Seine Gliedmaßen paßten sich in bester Weise an die schnelle Fortbewegung in offener Landschaft und auf härteren Böden an. Die Zehen begannen sich zurückzubilden, bis der Zehengänger zum Zehenspitzengänger wurde. Vor 30 bis 40 Millionen Jahren, im Oligozän, besaß das Pferd — nun Mesohippus, dann Miohippus genannt — noch an jedem Fuß drei Zehen. Es bedurfte abermals eines ungeheuer langen Zeitraums, bis auch die beiden äußeren verkümmerten, beim Merichippus im Miozän, vor 10—20 Millionen Jahren, und sich dann die Mittelzehe zum Huf ausgebildet hatte. Das letzte Glied der langen Ah-

nenkette, der Pliohippus im Pliozän, vor 1—10 Millionen Jahren, war in Gestalt und Art unserem heutigen Pferd bereits ähnlich geworden und besaß etwa das Aussehen unserer Wildpferde.

Von ihrem Entwicklungszentrum Nordamerika wanderten Pferdeherden über die damals noch bestehende klimatisch begünstigte Landbrücke nach Asien, von dort weiter nach Europa und Nordafrika. In ihrem Ursprungsland starben sie aus. Erst zu Beginn des 16. Jahrhunderts sollten wieder Pferde auf den amerikanischen Kontinent gelangen. Die Entdecker der Neuen Welt hatten sie aus Europa in die Urheimat gebracht, wo sie sich bald über weite Gebiete hin ausbreiteten und wo ein Teil von ihnen verwilderte.

In prähistorischer Zeit hatten sich, dem Lebensraum entsprechend, zwei verschiedene Entwicklungsformen des Urpferdes gebildet: das grobe schwerknochige Waldpferd, das als Urahn der heute selten gewordenen Kaltblüter angesehen wird, und das feingliedrige Steppenpferd; es gilt als Grundtyp unserer leichten Schläge. Das Przewalskipferd (einziges Wildpferd, das in direkter Linie auf den Stammvater zurückgeht) und der Tarpan (heute nur noch in Rückkreuzungen erhalten) waren Steppenpferde, aus denen sich in langem Selektionsprozeß, d. h. durch natürliche und gezielte Zuchtauslese, edle Rassen entwickelten, wobei das orientalische Vollblut die bedeutendste Rolle spielte. Drei Araberhengste — und zwar Byerly Turk (1689 in England eingeführt), Darley Arabian (1706) und Godolphin Arabian (1730) — wurden die Stammväter des Englischen Vollbluts. Die Warmblut- oder Halbblutrassen entstanden in systematischer Zucht durch eine Verbindung von Araber- oder Englischen Vollbluthengsten mit Stuten einheimischer Schläge. So gibt es kaum eine Rasse ohne Vollbluteinfluß. Ein nicht geringer Teil unserer heutigen Reitpferde steht, wie schon ihr Exterieur beweist, recht hoch im Blut.

Bei der Zucht sind seit jeher die äußeren Gegebenheiten, wie landschaftliche oder klimatische Bedingungen und natürlich der Verwendungszweck des Pferdes maßgebend. So erklären sich, wie schon im vorangegangenen Kapitel angesprochen, die Verschiedenheit und auch der Wandel der Reitpferdtypen. Heute hat die Warmblutzucht in unserem Lande ein einheitliches Ziel. Nachdem das Kavalleriepferd, dessen Erzeugung einst Aufgabe der großen deutschen Gestüte war, mit dem Ende des Ersten Weltkrieges fast keine Verwendung mehr fand, und seit die zunehmende Motorisierung das Wirtschaftspferd zu verdrängen begann, war die deutsche Warmblutzucht gezwungen, sich neu zu orientieren. Sie ist seit etwa zwei Jahrzehnten auf die Erzielung eines eleganten, vielseitigen, anpassungsfähigen Reit- und Sportpferdes ausgerichtet. Im Leistungssport, bei der Jagd- und Freizeitreiterei werden heute bei uns hauptsächlich Pferde der nachfolgenden Rassen mit den erwähnten Haupteigenschaften verwendet.

Pferderassen

HANNOVERANER, edel, trocken, kräftig, ruhiges Temperament. Ideales Turnierpferd; vielseitig, zuverlässig

HESSE, leichttrittiges, kräftiges, aber elegantes Reit- und Sportpferd

HOLSTEINER, beliebtes Turnierpferd, kräftig, großrahmig, guter Charakter, ausgezeichnetes Springvermögen

OLDENBURGER, muskulös, kräftig, gutmütiges Temperament, gutes Reit- und Sportpferd

OSTFRIESE, früher schwerer Wirtschaftswarmblüter; heute durch verbesserte Zucht (Arabereinfluß, Friesenaraber) auch Reitpferd; kräftig, starkknochig, Spring- und Galoppiervermögen

TRAKEHNER (Ostpreuße), sehr edel, leicht, elegant, trocken, lebhaftes Temperament. Vielseitiges Reit- und Sportpferd; ausdauernd, hart, genügsam; viel Adel; sehr geeignet für Jagd und Military; edelste deutsche Rasse

PFÄLZER, ruhiges, mittelschweres, gängiges Reitpferd, widerstandsfähig – Arabereinfluß

BAYRISCHES WARMBLUT, früher schweres Wirtschaftswarmblutpferd; heute durch Zuchtverbesserung auch Reitpferd; robust, einwandfreies Temperament

WESTFALE, kräftiges, großrahmiges, edles Reitpferd; gängig, ruhiges Temperament

WÜRTTEMBERGER WARMBLUT, ursprünglich reines Wirtschaftspferd, jetzt auch Reiteignung durch verbesserte Zucht (Trakehnereinfluß); mittelschwer, stark, gängig

Araberstute

Geeignete Reit- und Sportpferde aus Ostdeutschland sind:
BRANDENBURGER, kräftiges, edles Reitpferd; leistungsfähig, ruhig im Temperament
MECKLENBURGER, gängig, widerstandsfähig, kräftig und ausdauernd, gutmütiger Charakter.

Außer Pferden dieser Warmblutrassen haben heute in zunehmendem Maße Araber und Englisches Vollblut — in Deutschland wie in anderen Ländern gezüchtet — ihren Platz im Reitsport eingenommen.
ARABER, edelste Pferderasse; elegant, leicht, trocken, harmonisch und sehr intelligent. Hart, ausdauernd, widerstandsfähig; dem Menschen zugetan. Reitpferd von großer Schönheit
ENGLISCHES VOLLBLUT, außerordentlich edel, trocken, leicht, elegant, mutig und intelligent. Sehr leistungsfähig, lebhaftes Temperament, empfindsam. Höchste Schnelligkeit. Für den Reitsport sehr vielseitig geeignet.

Eine Verbindung beider Vollblutrassen (in Deutschland bisher nicht gezüchtet) ist der
ANGLO-ARABER, Reit- und Sportpferd mit sehr guten Anlagen; vor allem Springvermögen. Edel, harmonisch, elegant.

Beliebte Warmblutpferde ausländischer Zuchten sind:
LIPIZZANER, intelligent, gelehrig und gehorsam. Hart, ausdauernd; kräftig, gelenkig. Besonders gutmütig in Temperament und Charakter; beste Eignung für Dressur und Hohe Schule.

Nicht nur bei der Jagd, sondern auch beim Springturnier erweist sich das ausgezeichnete Spring- und Galoppiervermögen des irischen oder englischen Hunters.
HUNTER, muskulös, robust, zuverlässig und widerstandsfähig, schnell; Springvermögen. Keine spezielle Rasse, sondern ein Pferdetyp. Halbblut — Verbindung von Vollbluthengsten mit hoch im Blut stehenden Stuten irischer oder englischer Landschläge.

Die niederländische Pferdezucht hat einen Pferdetyp erbracht, der in jüngster Zeit auf Turnieren bedeutende Erfolge aufwies, aber auch als Reitpferd für den Freizeitsport geeignet ist:
HOLLÄNDER, großrahmig, harmonisch; sehr gutes Springvermögen; Freizeitpferd

Aus französischen Zuchten (Hauptzuchtgebiet Normandie) kommt der
ANGLO-NORMÄNNER, edel, robust und stark; mit lebhaftem Temperament; ein gutes Reit- und Springpferd.

Pferde aus Übersee gewinnen bei uns mehr und mehr an Interesse, vor allem bei Freizeitreitern. An erster Stelle stehen nordamerikanische Rassen:
AMERICAN SADDLE HORSE, edel, elegant aber hart und anspruchslos; besonders geländesicher; gutes Freizeitpferd
QUARTER HORSE, das »Viertel-Meilen-Rennpferd«, kräftig, muskulös, sehr schnell und wendig; ruhiges Temperament
APPALOOSA, ein sehr originelles — durch getigertes Haarkleid gezeichnetes Pferd. Schnell, vielseitig, widerstandsfähig und intelligent, gutmütiger Charakter.

Der Pferdeimport aus den Ostblockstaaten nimmt auf dem deutschen Markt bereits einen beachtlichen Raum ein, wobei nicht allein die Qualität des Materials, sondern auch die niedrigen Preise eine Rolle spielen. Sehr geeignete Reitsportpferde kommen aus den berühmten polnischen, sowjetischen und ungarischen Zuchten.
Immer mehr Freunde gewinnen die Kleinpferde und Ponys. Ihre Zucht und Verbreitung hat in den letzten Jahren sehr zugenommen. Die relativ anspruchslose Haltung und Pflege der »Kleinen« mag mit ein Grund für ihre wachsende Beliebtheit sein. Zwei Kleinpferderassen finden bei uns besondere Beachtung.
HAFLINGER, Arabereinfluß, vielseitig, kräftig, genügsam, sehr geländesicher, robust, lebhaftes Temperament, ursprünglich aus Südtirol stammend
NORWEGER (Fjordpferd), widerstandsfähig, genügsam. Williges, munteres Kinderreitpferd; mittelschwer; kann auch von Erwachsenen geritten werden.
Als beliebteste Ponys werden bei uns besonders Pferde folgender Rassen gehalten:
CONNAMARA PONY, mittelgroß, genügsam
DARTMOOR PONY, schnell, ausdauernd; Springvermögen
DÜLMENER WILDPFERD, mittelgroß, lebhaft, gelehrig; gutmütiger Charakter
ISLÄNDER, robust, gutmütig
NEW FOREST PONY, widerstandsfähig, ruhig; Springvermögen
SHETLAND PONY, sehr klein, genügsam
WELSH PONY, elegant, hart; gutes Temperament.
Pferde der einzelnen Rassen tragen verschiedene Brandzeichen. Ursprünglich waren diese Brände Eigentumszeichen; heute sind sie Merkmale der Abstammung des Pferdes. Haupt- und Landgestüte sowie Pferdezuchtverbände führen anerkannte Brandzeichen. Im Fohlenschein sind die Daten des Pferdes und seine Abstammung eingetragen. Vollblutpferde wurden durch Buchstaben hinter ihrem Namen gekennzeichnet. Beim Araber sind es die Lettern »xo«, beim Englischen Vollblut »xx« und beim Anglo-Araber wird ein »x« gesetzt.

Körperbau und Äußeres des Pferdes

Für jeden Reiter ist es mit Hinblick auf eine fehlerlose gute Reitleistung wichtig, daß er die wesentlichen Kenntnisse vom Äußeren, vom Körperbau, dem »Gebäude« des Pferdes hat, und sich mit der Wesensart, der Psyche seines Sportpartners befaßt.

Die Beurteilung eines Pferdes ist für den Laien sehr schwierig. Jeder Pferdeliebhaber und zukünftige Reiter sollte sich aber von Anfang an einige Hauptpunkte einprägen, die es ihm erleichtern, nach dem Äußeren des Tieres Rückschlüsse auf dessen Leistungen zu ziehen. Dabei darf nicht vergessen werden, daß der Gesamteindruck mit der Beurteilung im Detail abgewogen werden muß. Ein völlig korrektes Pferd, den Idealtyp, gibt es kaum. Einzelne Fehler oder Mängel werden wir fast bei jedem Pferd entdecken; wenn sie aber die Leistungen, die wir von ihm fordern, nicht beeinträchtigen, so können wir sie ohne Schaden in Kauf nehmen.

Die »Points« – Hauptpunkte – eines Reitpferdes, von dem wir freie räumige Gangarten, Harmonie und eine stolze Haltung im Gleichgewicht erwarten, sind folgende: Kopf, Schultern und Beine sollen trocken, d. h. ohne Fettablagerungen sein, so daß Adern und Muskeln unter der Haut zu erkennen sind. Der Kopf muß in gutem Verhältnis zur Gesamterscheinung des Pferdes stehen. Ausdrucksvolle, muntere, klare Augen und kleine, lebhaft spielende Ohren sind

Trakehnerstute

Bezeichnungen der äußeren Körperteile

1 Stirn mit Schopf	15 Ellenbogen	29 Nierenpartie
2 Nasenrücken	16 Unterarm	30 Lende
3 Nüstern	17 Vorderfußwurzel	31 Kruppe
4 Lippen und Maul	18 Vordermittelfuß	32 Schweifansatz
5 Kinnkettengrube	19 Fesselkopf	33 Hüfte
6 Jochleiste	20 Fessel	34 Hinterbacke
7 Ganasche	21 Hufkrone	35 Oberschenkel
8 Genick	22 Huf	36 Kniegelenk
9 Mähnenkamm	23 Ballen	37 Unterschenkel
10 Kehle	24 Kastanie (vorn)	38 Fersenhöcker
11 Widerrist	25 Brustwand	39 Sprunggelenk
12 Schulter	26 Bauch	40 Hanken
13 Buggelenk	27 Flanke	41 Hintermittelfuß
14 Oberarm	28 Rücken	42 Kastanie (hinten)

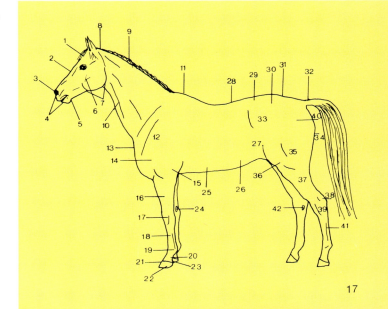

17

Zeichen von Temperament, Intelligenz und Aufmerksamkeit. Richtiger Ganaschenbau (nicht zu eng) und ein biegsames Genick sind weitere wichtige Punkte. Die Lage der Schulter (möglichst lang, breit und schräg) und der Ansatz des Halses deuten auf die Leistungsfähigkeit des Pferdes. Der muskulöse, ausreichend lange Hals sollte auf einer nicht zu tiefen schrägen Ansatzfläche der Schultern ruhen und am Übergang zum Kopf leicht sein. Ein gut markierter, d. h. kräftiger, langgestreckter Widerrist, leicht geschwungener, nicht zu kurzer Rücken in guter Verbindung mit dem Bekken, breiter und tiefer Brustkorb, eine lange wohlgerundete Kruppe und ein gut getragener Schweif sind ebenfalls positiv zu wertende Merkmale. Sehr wesentlich ist die Beschaffenheit der Gliedmaßen, des »Fundaments«, das fest, klar und trocken sein soll: richtig gestellter, nicht zu steiler Unterarm, gut bemuskelte Schenkel, reine, kräftige Gelenke, Sehnen und Knochen; langes, breites, ausdrucksvolles Sprunggelenk; starke, aber nicht kurze oder steile Fesselung. Dies sind in groben Zügen die Kennzeichen für ein gesundes harmonisches und leistungsfähiges Reitpferd.

Der »Rahmen« bezeichnet die Proportionen des Pferdes, z. B. das Verhältnis von Länge zur Höhe und einzelner Körperteile zueinander, wie Vorhand zur Hinterhand. »Kaliber« ist die Bezeichnung für das Verhältnis von Widerristhöhe zum Gewicht des Pferdes.

Unschönheiten oder Mängel des Exterieurs bzw. des Gebäudes, die besonders augenfällig in Erscheinung treten, sind Ramskopf (konvexe Nasenlinie), Hechtkopf (konkave Nasenlinie, bei manchen Pferden allerdings auch Rassenmerkmal), Hirschhals, Schwanenhals und zu kurzer Hals; flacher oder zu hoher Widerrist; Karpfenrükken, Senkrücken oder überbautes Pferd; zu steile oder zu schräge Schulter; abfallende oder horizontale Kruppe; zehenweite oder zehenenge, bodenweite oder bodenenge Stellung der Gliedmaßen bzw. Füße; ferner kuhessige (X-förmig) oder faßbeinige (O-förmige) Hinterbeine. Auch die Stellung und Beschaffenheit der Hufe ist von größter Bedeutung: »Bockhuf«, spitzer- oder Flachhuf beeinträchtigen Leistungsfähigkeit und Gesundheit.

Die Altersbestimmung, die ja bei Pferden mit Abstammungspapieren nicht erforderlich ist, kann mehr oder minder genau durch Beurteilung der Beschaffenheit des Gebisses vorgenommen werden. Das Gesamtaussehen des Pferdes gibt außerdem auch einigen Aufschluß über das Alter. Nach dem Durchbruch der Milch- oder Fohlenzähne und nach dem Wechsel zu den bleibenden Zähnen wird das Alter des Pferdes bis zu seinem 5. Lebensjahr bestimmt. Später richtet sich die Altersschätzung, zu der aber einige Erfahrung gehört, nach der Stellung und Abnutzung der Schneidezähne.

Farbe und Beschaffenheit des Haarkleides spielen für die Gesamterscheinung des Pferdes eine nicht unerhebliche Rolle. Das Fell eines gesunden, gepflegten Pferdes ist glatt und glänzend. Länge und Feinheit des einzelnen Haares hängen von der Rasse, aber auch von der Jahreszeit ab. Edle Pferde, vor allem das Vollblut, haben ein besonders seidiges, feines Fell. Im Frühjahr und im Herbst wechselt das Pferd sein Deckhaar; das Sommerhaar ist kurz und glänzend, im Winter ist das Haarkleid fester und die einzelnen Haare sind länger. Bei einem im Stall gehaltenen und in der Halle gerittenen Pferd ist der jahreszeitlich bedingte Unterschied im Fell natürlich weniger erkennbar, als bei Pferden, die auch im Winter täglich im Gelände sind.

Die Farbe des Haarkleides variiert von Weiß, Weißgrau über alle Nuancen von Braun bis zum tiefen Schwarz. Mähne und Schweif zeigen häufig eine andere Farbe als das Fell.

Schimmel werden – vom Albino abgesehen – dunkel geboren und je nach der Grundfarbe der ersten Lebensjahre als Fuchs-, Braun- oder Rappschimmel bezeichnet. Wenn das Fell seine eigentliche Farbe gewonnen hat (das kann bis zu 8 Jahren dauern) unterscheiden wir neben dem reinweißen Schimmel den Apfelschimmel (runde andersfarbige Zeichnung), den Forellen- und den Fliegenschimmel (mit andersfarbigen Einsprenkelungen). Der Braune (stets mit schwarzem Mähnen- und Schweifhaar) kann hellbraunes, braunes, dunkel- oder schwarzbraunes Fell haben. Dementsprechend wird er auch bezeichnet. Füchse haben hell- oder rotbraunes Schweif- und Mähnenhaar; das Fell kann hellbraun, rotbraun oder dunkelrotbraun sein. Wir sprechen vom Goldfuchs, Dunkelfuchs oder Schweißfuchs. Rappen sind schwarz bis tiefschwarz bei gleichfarbigem Schweif- und Mähnenhaar. Nicht sehr häufig sind Isabellen und Falben. Die ersteren haben gelbliches Deckhaar, fleischfarbene Haut und helle Hufe. Mähne, Schweif und Fußenden sind gelb oder weißlich. Das Haarkleid des Falben hat eine gelblich-graue Färbung, während Mähnen- und Schweifhaar schwarz sind. Charakteristisch ist auch der Aalstrich, z. B. beim Norweger, ein schmaler dunkler oder schwarzer Haarstrich, der sich von der Mähne über den Rücken zum Schweifansatz zieht. Das Fell des Scheckens zeigt unregelmäßige größere und kleinere Flecken, das des Tigers runde oder ovale »Tupfen«.

Individuelle Kennzeichen des Pferdes (sie werden in den Abstammungspapieren angegeben) sind weiße Haarstellen am Kopf oder an den Beinen. Sie sind angeboren. Durch Verletzungen oder Druck können ebenfalls weiße Stellen im Fell entstehen, die aber nicht als Kennzeichen gelten. Je nach Größe und Form werden diese Kennzeichen (Abzeichen) des Pferdes benannt: Flocke, Stern, Keilstern, Strich, Blesse, Schnippe, Milchmaul und Laterne. Diese einzelnen Begriffe überschreiben natürlich eine Vielzahl von Varianten.

Die Beurteilung des Exterieurs mag uns viel Aufschluß über das Pferd geben, aber eine vollkommene Wertung ist nur möglich, wenn wir seinen Charakter und die individuelle Wesensart mit einbeziehen. Voraussetzung ist dabei allerdings, daß wir das Pferd kennen, mit ihm arbeiten und einen starken Kontakt zu ihm haben. Grundsätzlich ist das Pferd ein gutmütiges, völlig unaggressives Tier, aufmerksam, feinfühlig bis zu hoher Sensibilität. Viele seiner Eigenschaften, wie auch die regen, wachen Sinne, weisen auf das ursprüngliche Herdendasein und auf die Verhaltensweisen seiner Vorfahren, der Wildpferde zurück: ganz besonders der hervorragende Ortssinn, aber auch Furchtsamkeit, Mißtrauen und Schreckhaftigkeit. Durch die Domestikation und schließlich durch sportliche Anforderungen mögen die Eigenschaften Mut, Ehrgeiz und Einsatzfreudigkeit gefördert und entwickelt worden sein. Die Nervosität, die manchen Pferden eigen ist, wird ebenfalls nicht als reine Ur-Eigenschaft sondern als erworbene gewertet. Das gefürchtete, boshafte veranlagte Pferd ist durch systematische Zuchtauslese selten geworden. Bosheiten und Unarten sind fast ausschließlich die Folge schlechter oder falscher Behandlung. In diesem Zusammenhang sei auch das erstaunliche Gedächtnis des Pferdes hervorgehoben. Sowohl erfreuliche wie ungute Eindrücke prägen sich tief in seinem Inneren ein. Das Pferd hat sich – unbeschadet der Wahrung seiner Instinkte, die urplötzlich hervorbrechen können – in weitem Maße an den Menschen angepaßt, hat die für seine eigentliche Art oft unnatürlichen Lebensbedingungen angenommen. Seine Sensibilität macht es oft zum Reflektor seines Herrn. Ein beherzter Reiter gibt dem Pferd Sicherheit und Mut. Unsicher wird es unter dem zaudernden, schwächlichen Reiter – seine Ängstlichkeit bleibt dem Pferd niemals verborgen. Darum ist der Schlüssel zum Wesen des Pferdes ein absolutes Vertrauen, das Kernstück jeglicher Beziehung zwischen Mensch und Pferd. Ohne dies Vertrauen ist keine reiterliche Leistung möglich. Ein Pferd lohnt das Vertrauen und jede liebevolle Behandlung; es ist empfänglich für die Güte und Aufrichtigkeit, Geduld und Gerechtigkeit seines Herrn. Sein Wesen legt uns eine hohe Verantwortung auf. Temperament, Charakter, Instinkt und die gut ausgebildeten Sinne des Pferdes bewirken weit mehr als der Verstand. Das Begriffsvermögen des Pferdes ist sehr begrenzt. Empfinden, Spüren ist stärker als Verstehen, etwa im Sinne von geistiger Verarbeitung, die beim Pferd zweifellos nicht vorhanden ist. Intelligenz und Gelehrigkeit des Pferdes sind individuell oder rassisch bedingt sehr unterschiedlich. Es ist nicht immer bestimmbar, auf welche Quelle die Reaktion eines Pferdes zurückzuführen ist: Instinkt, Gefühl, Verstand oder Erinnerungsvermögen. Eines ist unbestritten, nämlich die Möglichkeit des Menschen, wesensmäßige Eigenschaften eines Pferdes fördern zu können. Eine ungünstige Beeinflussung dieser Eigenschaften führt zwangsläufig zu Unarten oder Widersetzlichkeiten die dem Pferd kaum wieder abzugewöhnen sind. Beißen, Schlagen, Steigen und Scheuen sind die häufigsten Untugenden die durch Rohheit, Ungeduld oder Unkenntnis entstehen. Deshalb ist es auch ratsam, das Zureiten geschulten Ausbildern mit Einfühlungsvermögen zu überlassen. Um eine falsche Behandlung des Pferdes zu vermeiden, sollte jeder Reiter es

Fuchs mit Blesse

als Verpflichtung ansehen, sich eingehend mit der Wesensart des Pferdes allgemein und mit der seines speziellen Sportpartners zu befassen. Die Grundpfeiler der Behandlung eines Pferdes sind immer die gleichen: Liebe zum Tier, Vertrauen, Geduld, Einfühlungsvermögen, Selbstbeherrschung und eine sichere klare Art der Übermittlung des eigenen Willens.

Diese Hauptpunkte dürfen auch keinesfalls im Umgang mit Reitschulpferden außer Acht gelassen werden. Im Gegenteil, das Los der Pferde, die täglich mehrmals verschiedene Reiter auf ihrem Rücken tragen müssen, sollte durch eine gleichmäßige, faire und richtige Behandlung erleichtert werden. Das oftmals »schlaue«, meist geduldige, manchmal abgestumpfte, unlustige Reitschulpferd ist für den jungen Reiter, den Anfänger, ein großer Helfer, auf den er sich verlassen kann, aber nicht verlassen soll. Es lehrt ihn kräftig treiben; seine Routine fordert vom Reiter Aufmerksamkeit und Durchsetzungsvermögen, und schließlich trägt es ihn sicher durch die Anfangsgründe der Reiterei.

Bewegungsmechanik, Gangarten und Tempi

Triebkraft für die Fortbewegung des Pferdes ist die Hinterhand. Ihr kraftvoller Schub wird über den Rücken auf die Vorhand, die lediglich unterstützende Funktion hat, übertragen. Vom Schwung der Hinterhand hängt also der Schwung der gesamten Bewegungen in allen Gangarten und bei den Sprüngen ab. Dieser Tatsache muß sich der Reiter in seiner Haltung wie bei der Hilfegabe bewußt sein.

Die drei Gangarten, die sogenannten ›natürlichen‹ Gänge des Pferdes, sind Schritt, Trab und Galopp. Alle drei können – je nach dem Raumgewinn – in verschiedenen Gangmaßen, den Tempi, ausgeführt werden, z. B. Arbeitstrab, Mitteltrab, starker Trab und versammelter Trab. Unabhängig von Gangmaß und Gangart ist die Forderung nach taktmäßigen Schritten, Tritten oder Sprüngen. Die Regelmäßigkeit und Korrektheit des Ganges hängt von der richtigen Fußfolge und dem geraden Vorwärtstreten des Pferdes ab. Nur ein gleichmäßiges Vorgreifen der Beine kann eine richtige Unterstützung des Schwerpunktes bewirken. Greift ein Fuß nicht ebenso weit vor wie der andere, dann hat das Pferd nicht die gehörige Folge. Eine schlechte, geringe oder zu große Fußfolge beeinträchtigt und stört die Leistung erheblich. Der *Schritt* ist die langsamste, zugleich sicherste Gangart des Pferdes, bei der sich stets zwei oder drei Beine auf dem Boden befinden. Es ist eine Bewegung im Viertakt; wir hören also in gleichmäßigem Abstand vier Huftritte. Schritt ist eine schreitende Gangart; wir sprechen von Schritten. Die Fußfolge ist diagonal z. B. 1. linker Hinterfuß, 2. rechter Vorderfuß, 3. rechter Hinterfuß, 4. linker Vorderfuß. Der Schritt hat drei Tempi:

Mittelschritt = taktmäßig, fleißig, raumgreifend.

Starker Schritt = energisch und raumgreifend.

Versammelter Schritt = erhaben, vermehrte Beugung der Gelenke.

Der Trab, die nächst schnellere Gangart, ist eine Bewegung im Zweitakt, bei der die diagonalen Beine des Pferdes gleichzeitig vorgebracht werden, abwechselnd rechte Diagonale, linke Diagonale. Wir hören demnach zwei Hufschläge und sprechen von Tritten. Die Fußfolge sieht dann so aus: 1. linker Hinterfuß und rechter Vorderfuß (rechte Diagonale) 2. rechter Hinterfuß und linker Vorderfuß (linke Diagonale). Beim Trab gibt es vier Tempi:

Arbeitstrab = natürliche frische taktmäßige Bewegungen.

Mitteltrab = elastisch, schwungvoll, aus der Hinterhand entwickelte raumgreifende Bewegungen.

Starker Trab = energisch, schwungvoll, weit raumgreifend.

Versammelter Trab = erhaben, sehr schwungvoll, kraftvolles Untertreten, Hankenbiegung, Aufrichtung.

Der Galopp ist die Gangart, in der das Pferd seine höchste Schnelligkeit entwickeln kann. Die wiegenden, eleganten Bewegungen des Galopps setzen sich aus einer Folge von Sprüngen zusammen, die im Dreitakt ausgeführt werden. Zu hören sind drei Hufschläge, woran sich eine Pause, die Schwebe, anschließt, bei der keines der Beine den Boden berührt. Wir unterscheiden Linksgalopp und Rechtsgalopp, je nachdem welches Vorderbein vorgreift. Fußfolge beim Linksgalopp: 1. rechter Hinterfuß, 2. linker Hinter- und rechter Vorderfuß, 3. linker Vorderfuß, Schwebe. Die Tempi sind vier wie beim Trab.

Arbeitsgalopp = natürlich, geschmeidig, frisch.

Mittelgalopp = kraftvoll, raumgreifend, viel Schwung.

Starker Galopp = energisch, lebhaft, weit raumgreifend.

Versammelter Galopp = erhaben, schwungvoll, federnd; Senkung der Hinterhand, relative Aufrichtung.

Beim Galopp sprechen wir von Sprüngen. Wenn das Pferd auf der linken Hand rechts galoppiert bzw. umgekehrt, so wird dies als Konter- oder Außengalopp bezeichnet. Falscher Galopp sagt man, wenn das Pferd ungewollt in dieser Art galoppiert. Fehlerhafte oder fehlerhaft ausgeführte Gänge sind außerdem der Kreuzgalopp, bei dem das Pferd vorne anders galoppiert als hinten, z. B. Hinterhand Linksgalopp, Vorhand Rechtsgalopp; und schließlich der Paß, der im Schritt und Trab als fehlerhafte Gangart auftritt, wobei beide Füße einer Seite gleichzeitig abgehoben und gleichzeitig gefußt werden. Der Paß – im Mittelalter beliebt und geübt – wird allerdings auch bei einigen Rassen und bestimmten Sportarten gefordert.

Außer den drei natürlichen Grundgangarten gibt es die Gänge, die in Dressur und Hoher Schule ausgeführt werden: Seitengänge (auf zwei Hufschlägen), Rückwärtsrichten, Piaffe und Passage.

Rechte Seite: Ausritt im Voralpenland

Die Ausbildung des Reiters

»Unter ›Reiter‹ verstehe ich nicht einen Mann, der auf einem Pferde hängt, sondern einen solchen, der dasselbe zu seinen Zwecken beherrscht.« So schreibt R. Schoenbeck 1883 in seinem Reithandbuch. Am Anfang steht die Grundausbildung. Sie muß in ihrem ganzen Umfang mit allen praktischen Übungen (Bahn, Gelände, Springen) und mit dem vielfältigen Stoff der Theorie durchgemacht werden, gleichgültig welcher Sparte sich der Reiter später zuwenden will: Leistungssport, Jagdreiten, Reitlehrberuf oder Freizeitreiterei. Erst nach Beherrschung der Grundkenntnisse kann eine weitergehende spezialisierte Ausbildung vorgenommen werden. Je intensiver der junge Reiter den Unterricht nutzt, umso leichter können dann die geforderten Leistungen erfüllt werden. Außerdem ist die Beherrschung reiterlicher Grundkenntnisse ein Gebot der Sicherheit, nicht nur für Reiter und Pferd, sondern ganz allgemein.

Die Dauer der Ausbildung hängt von so vielen Faktoren ab — Talent und Wille des Reiters, Anzahl der Wochenstunden usw., daß keine feste Norm zu geben ist. Man rechnet aber, daß ein durchschnittlich begabter Reiter sich nach ca. 30 Stunden ausreichend gut in den drei Grundgangarten fortbewegen kann, daß er ein Gefühl für Balance gewonnen und einen gefestigten Sitz hat, der allerdings wahrscheinlich in weiteren Stunden vom Reitlehrer immer wieder korrigiert wird. Das sollte ihn nicht entmutigen, denn als Reiter lernt man nie aus, was die Freude an Erfolgen, die sich schon bald einstellen können, nur erhöht.

Auch die Frage, innerhalb welcher Altersgruppe mit dem Reiten begonnen werden kann, ist nicht allgemeingültig zu beantworten. Es gibt Reiter, die mit dreißig Jahren das erste Mal auf einem Pferd saßen und es zu meisterlichem Können brachten, und andere, die seit ihrem zehnten Lebensjahr reiten, ohne je diese Kunst zu beherrschen. Bei entsprechender Energie und einem gewissen Maß an Begabung kann auch in mittlerem Alter mit dem Reiten begonnen werden. Kinder, so ist die allgemeine Regel, sollten nicht vor ihrem achten bis zehnten Lebensjahr mit dem Reitunterricht anfangen, da sie dann erst ausreichend über die Kräfte verfügen, um auf das Pferd einwirken zu können. Es gibt allerdings Kinder, deren angeborenes Talent sie befähigt, ohne Schaden schon viel früher auf ein

Pferd zu steigen und das Reiten zu erlernen. Ein erfahrener Reitlehrer wird in allen Zweifelsfällen raten können.

Jeder, der reiten und mit dem Unterricht beginnen möchte, steht zunächst vor einer Reihe von Fragen: Reichen Gesundheit, Energie und Ausdauer, schließlich auch die Mittel für eine Ausbildung, aus? Und wo soll sie vorgenommen werden? Welche Kleidung und Ausrüstung werden benötigt? Die ersten Fragen muß jeder für sich selbst beantworten. Bei der Wahl des Ausbildungsortes wird wahrscheinlich die nächstgelegene Reitschule in Frage kommen, um lange Anfahrtswege zu ersparen. Natürlich sollte man sich vorher darüber informieren, ob dort ein guter Unterricht erteilt wird, ob geeignete, ordentlich gehaltene Pferde zur Verfügung stehen und ob

der Ton und die Atmosphäre dort den eigenen Vorstellungen entsprechen. Das alles spielt eine große Rolle, denn der Unterricht soll Freude machen, und die Verbindung zu den anderen Reitern soll gut und harmonisch sein. Erscheint dies alles nicht gesichert, so lohnt sich auch ein weiterer Weg. Es gibt heute eine sehr große Zahl von Reitinstituten, und sie finden sich fast an jedem Ort, selbst in kleinen Ortschaften, Reitvereine, Reitschulen sowie anerkannte Fachschulen für Reit- und Fahrausbildung oder Reit- und Fahrschulen (die Fachschulen bieten die Ausbildung für reiterliche Berufe). Hat man sich für eine dieser Ausbildungsstätten entschlossen, so ist der Beitritt zu dem betreffenden Reitverein sehr anzuraten. Der junge Reiter (d. h. der Anfänger, gleich welchen Alters) fühlt sich bald aufgenommen im Kreise der »Alten«, er wird eingeschlossen in den kameradschaftlichen Zusammenhalt, nimmt teil an fröhlicher Geselligkeit und kann Erfahrungen austauschen. Zudem bietet ihm die Mitgliedschaft noch andere Vorteile, z. B. einen Versicherungsschutz und die Möglichkeit – was später für ihn wichtig sein könnte – sich zur Beteiligung an reiterlichen Veranstaltungen wie Turnieren, anmelden zu können.

Ferienlehrgänge auf Reiterhöfen und in Reiterpensionen sind besonders für den zukünftigen Freizeitreiter geeignet, um in neuer Umgebung, oft mit anderen Sportarten gekoppelt, die Grundbegriffe des Reitens zu erlernen, wobei die häufigen Ausritte schulen sowie Freude und Entspannung bringen. Es ist gut, wenn der Reiter sich zusätzlich in einer stillen Stunde selbst noch ein bißchen mit der Theorie befaßt; er kommt dann schneller voran. Für Kinder gibt es eigene Ferienreithöfe, wo die Kleinen wohlbetreut unter sich sind und dabei schnell Scheu und Angst verlieren, wo sie nicht nur reiten lernen, sondern einen engen Kontakt zu den Pferden haben, die sie meist selber versorgen und pflegen müssen. Für die meisten Kinder ist das ein Paradies. In den Reiterzeitschriften finden sich alle diese Möglichkeiten in einem vielfältigen Angebot, das vom Bauernhof bis zum Schloß, vom Anfängerlehrgang bis zum hochqualifizierten Spezialunterricht reicht.

Schließlich wird an Landgestüten wie an zahlreichen Privatgestüten in intensiven Kursen eine gründliche Reitausbildung geboten. Auch hier sind meist Pferdepflege, Fütterung und Stalldienst Bestandteil der Lehrgänge, die sehr beliebt und viel besucht sind. Eine frühe Anmeldung ist daher ratsam.

Die Spitzenorganisation des deutschen Reitsports und der Pferdezucht ist die Deutsche Reiterliche Vereinigung (FN), Hauptverband für Zucht und Prüfung deutscher Pferde. Ihr obliegt eine Fülle von Aufgaben, die dem Ziel der Förderung des Reitsports und der Pferdezucht in unserem Lande dienen.

Hat der angehende Reiter Ort und Termin der Ausbildung festgelegt, so muß er sich als nächstes seine Reitausrüstung beschaffen.

Die Reitausrüstung

Eine bequeme Reithose und gutsitzende Stiefel sind zunächst das Wichtigste. Es können Jodhpurs (lange Reithosen) mit Stiefeletten sein, oder was im ganzen gesehen geeigneter ist, Reithosen (Breeches) mit langen Stiefeln. Wesentlich ist es in jedem Fall, daß die Reithose glatt und faltenlos ansitzt, dabei aber nicht im Knie oder Schritt spannt. Das muß vor dem Kauf im Reitsitz ausprobiert werden. Beim Stiefel sollte besonders auf die Beschaffenheit des Schaftes geachtet werden. Er muß ausreichend lang sein (bis knapp unter die Kniekehle), darf nicht zu hart, nicht zu weit und keinesfalls zu eng sein. Der Fuß des Stiefels sollte so viel Spielraum haben, daß im Winter wollene Socken getragen werden können. Bei schlechtem Wetter und für den Stalldienst haben sich Gummistiefel sehr bewährt. Das Reitjackett oder der weitgeschnittene lange Reitmantel sind für den Anfang entbehrlich. Ein Rollkragenpullover, im Sommer ein Hemd oder eine Bluse – alles möglichst dezent – sind die geeignete Bekleidung für den Oberkörper. Auf Handschuhe, und zwar am besten feste Lederreithandschuhe, sollte nicht verzichtet werden; sie schonen die Hände und geben dem Zügel besseren Halt in den Fäusten. Mehr und mehr setzt sich – nicht allein beim Springen und im Gelände, sondern auch in der Bahn – der Gebrauch einer Reitkappe durch. Sie ist innen helmartig verstärkt und bildet somit einen guten Schutz des Kopfes. Die Reitgerte gehört ebenfalls zur Anfangsausrüstung. Sie muß elastisch, aber auch stabil sein und soll eine Länge von 1–1,20 m haben. Zum Springen und im Gelände gebraucht man eine Gerte von 70–80 cm Länge.

Sporen werden erst dann erforderlich, wenn der Reiter schon einige Kenntnisse, Sicherheit und Übung gewonnen hat. Den Zeitpunkt bestimmt der Reitlehrer. Ob Sporen mit stumpfem Dorn oder solche mit Rädchen zu bevorzugen sind, ist eine umstrittene Frage; geeignet sind beide Formen. Hierbei sei kurz erwähnt, daß Sporen nur unmittelbar zum Reiten getragen werden. Nach dem Unterricht oder dem Ausritt schnallt man sie ab.

Die Reitbekleidung für die meisten reiterlichen Veranstaltungen besteht aus schwarzer Reitkappe (bzw. schwarzem Hut für Reiterinnen bei der Dressur), schwarzem Rock, weißem Plastron (Reitkrawatte), weißer Reithose, hohen schwarzen Stiefeln und Sporen. Der rote Rock wird – wie es reiterlicher Brauch ist – beim Springen ab Klasse M und bei Jagden erst nach mehrfacher Beteiligung getragen.

Auf einem Reiterhof

Umgang mit Pferden

Daß manch angehender Reiter, besonders wenn er bisher kaum Kontakt zu Pferden hatte, zunächst mit Scheu an das große fremde Tier herantritt, ist sehr verständlich. Eine erfreuliche Unbefangenheit zeigen dabei meist Kinder. Jugendliche überspielen oft Ängstlichkeiten mit übertriebener Forschheit. Jede dieser unterschiedlichen Verhaltensweisen wird vom Pferd empfunden, es reagiert entsprechend. Mit dem scheuen, furchtsamen Reiter versucht es zu machen, was es will, dem Unbefangenen wird es am ehesten gehorsam sein. Wer aber das Pferd besonders forsch, grob oder barsch behandelt, muß mit Widersetzlichkeiten rechnen. Frei, offen, vertrauensvoll soll der junge Reiter dem Pferd entgegentreten, denn es wird auf dem langen Ausbildungsweg sein Freund werden, aber es soll ihn auch als Herren anerkennen. Kämpfe muß er allerdings vermeiden; nicht Gewalt, sondern Feingefühl und Geduld führen zum Ziel, in ihnen beweist sich die Überlegenheit des Reiters bei schwierigen Situationen. Seinen Willen setzt er mit klarer eindeutiger Hilfengabe durch. Dabei darf er im Inneren nie schwanken oder zögern. Das ist zu Anfang keinesfalls selbstverständlich, sondern muß erlernt werden. Wem der Umgang mit Pferden noch fremd ist, der nehme die einfachste Hilfe in Anspruch; seine Sprache. Der Einfluß der menschlichen Stimme auf das Pferd ist sehr groß. Es versteht am Ton, am Ausdruck, ob die Worte beruhigend, lobend, aufmunternd, warnend, tadelnd oder anspornend gemeint sind. Das Spiel seiner Ohren bestätigt es. Das Pferd ist für unsere Sprache ebenso empfänglich wie für Liebkosungen. So ist es auch eine Grundregel, daß wir uns dem Pferde sprechend nähern, besonders fremden Tieren, oder wenn wir gezwungen sind, von hinten an das Pferd heranzutreten. Grundsätzlich gehen wir von vorn auf ein Pferd zu und vermeiden hastige Bewegungen sowie laute, plötzliche Geräusche. Wir loben (streicheln) es durch leichtes Klopfen am Hals, aber auch den kleinen Klaps auf die Kuppe oder ein Kraulen an der Stirn unter dem Schopfhaar haben die meisten Pferde gern. Sie neigen den Kopf vertraulich dem Reiter zu und suchen dann vielleicht einen Leckerbissen in seiner Tasche, eine Gelberübe oder ein Stückchen Brot, was ihm dann auf der flachen Handinnenfläche hingehalten wird. Das Vertrauen des Pferdes kann sehr schnell gewonnen werden, darf aber nie durch Ungeduld, Launischsein oder Unbeherrschtheiten enttäuscht werden. Viele junge Reiter gewinnen schnell die Sicherheit im Umgang mit Pferden, besonders wenn sie beim Füttern, Tränken und bei der Pflege helfen. Sie wissen auch, daß für alle diese Verrichtungen Regelmäßigkeit und Pünktlichkeit besonders wichtig sind. Beim Tränken, vor allem aber beim Füttern muß das Pferd Ruhe haben. Beim Bürsten und Striegeln wie beim Reinigen der Hufe fühlt es sich wohl, wenn wir zu ihm sprechen oder eine Melodie summen.

Die Ausrüstung des Reitpferdes

Zur kompletten Ausrüstung gehören viele Bestandteile, deren hauptsächlichste natürlich Zaum und Sattel sind. Alle Stücke müssen solide, zweckmäßig, unbedingt passend und bequem sein, um Schäden beim Pferd und eine Minderung der Leistung zu vermeiden, und nicht zuletzt, damit der Reiter sich sicher und gut zu Pferde fühlt.

Die gebräuchlichste Zäumung ist die *Trense mit Reithalfter*. Die Bestandteile der Trense sind: Stirnriemen, Backenstück, Kehlriemen, Gebiß und Zügel. Das Reithalfter besteht aus: Kopfstück, Nasenriemen und Kinnriemen. Als Gebiß wird am häufigsten die vielseitig geeignete dicke Wassertrense verwendet oder das Olivengebiß; es schont die Lefzen. Beides sind gebrochene Gebisse. Je dicker das Mundstück, um so weicher ist die Einwirkung im Maul, und je dünner, um so schärfer. Die Zügel können aus glattem Leder sein, oder geflochten, um besseren Halt zu gewährleisten; der ist auch bei dem mit Lederstegen versehenen Gurtzügel gegeben.

Weitere Zäumungen sind Kandare, Pelham und Hackamore. Die Zäumung auf Kandare (sie hat eine Hebelwirkung) sollte nur von erfahrenen Reitern gebraucht werden, abgesehen davon, daß sich nicht jedes Pferd auf Kandare reiten läßt. Bei jungen Pferden darf sie nicht verwendet werden. Die Zügel der Kandare sind schmäler als die der Trense. Das Mundstück ist ein starres Stangengebiß. Die Stange hat in der Mitte eine leichte Wölbung – die Zungenfreiheit – und ist an den Seiten fest verbunden mit Hebeln, den Balken oder Anzügen, an deren oberen Enden sich die Kinnkettenhaken, am unteren Teil die Zügelringe befinden. Die Breite des Gebisses muß der Breite des Pferdemauls entsprechen. Das Pelhamgebiß kann gebrochen oder auch starr sein. Es hat ebenfalls durch eine Kinnkette verbundene Seitenteile, die allerdings mit dem Mundstück nicht fest verbunden, sondern eindrehbar sind. Neuerdings wird auch hierzulande das Hackamore verwendet. Es ist eine gebißlose Zäumung, die eine Hebelwirkung auf das Nasenbein des Pferdes ausübt, und angebracht bei Pferden, die im Maul überempfindlich sind.

Bei der *Sattelung* unterscheiden wir drei hauptsächliche Arten: Dressursattel, Springsattel und Vielseitigkeitssattel. Die Namen bezeichnen den Verwendungszweck. So ist der Vielseitigkeitssattel ebenso für dressurmäßiges Reiten wie für das Gelände oder das Springen geeignet. Die einzelnen Teile des Sattels sind: Sattelkammer, Vorderzwiesel, Sitzfläche, Hinterzwiesel (Sattelkranz), Sattelpolster, Sattelblatt, Schweißblatt, Steigbügelriemen, Steigbügel und Sattelgurt (mit drei Strippen). Die Unterlage – meist in Sattelform – kann aus Filz, Leder oder bei hautempfindlichen Pferden aus Lammfell sein. Ferner gehören zur Ausrüstung des Pferdes die Hilfszügel: Ausbindezügel und Martingal. Ausbinder sind eine Hilfe für junge Reiter, zur Schonung des Pferdes und Hilfe für die Haltung des Pferdes beim Longieren. Das Martingal wird bei Pferden verwendet, die den Kopf hoch tragen oder die Angewohnheit haben, mit dem Kopf nach oben zu schlagen. Schließlich gehören noch Stallhalfter, Stalldecke, Gamaschen, Bandagen und Sprungglocken zu den hauptsächlichsten Ausrüstungsteilen des Pferdes. Alle Gegenstände müssen selbstverständlich sorgsam gepflegt werden.

Die Grundausbildung

Mit dem richtigen *Trensen und Satteln* fängt die Grundausbildung an. Schon hierbei gibt es vieles zu beachten, was gelernt sein muß. Ist das Pferd angebunden, z. B. im Ständer, so wird als erstes gesattelt und dann getrenst. Wenn es aber frei steht, in der Box, so beginnen wir mit dem Aufzäumen. Wir treten stets von links an das Pferd heran, wobei wir es ansprechen. Der Zügel wird über den Kopf gestreift und auf den Pferdehals gelegt, gegebenenfalls nun das Halfter abnehmen. Das Kopfstück wird mit der rechten Hand über den Nasenrücken des Pferdes gleitend nach oben geführt. Die linke Hand schiebt behutsam das Gebiß ein. Hält das Pferd die Zähne abwehrend geschlossen, so kann es durch leichten Druck von Mittelfinger und Daumen an der Maulspalte oberhalb der Zähne zum Öffnen des Mauls gebracht werden. Nun erst wird das Kopfstück über das rechte, dann das linke Ohr gestreift. Beim Zuschnallen des Kehlriemens ist darauf zu achten, daß eine Handbreit Spielraum bleibt. Der Stirnriemen muß gerade, aber nicht zu nah an den Ohren liegen; das Schopfhaar wird darübergezogen – das Pferd ist gezäumt.

Nun bringen wir den Sattel, auf dem linken Arm tragend, der Sattelgurt ist übergeschlagen, die Steigbügel sind hochgezogen. Von der linken Seite aus legen wir den Sattel in einer ruhigen, gleitenden Bewegung – mit der Haarrichtung laufend – hinter dem Widerrist auf. Die Satteldecke wird gut in die Sattelkammer gezogen. Sie darf nicht auf dem Widerrist aufliegen, damit sie nicht scheuert, was zu langwierigen Schädigungen führen kann. Der Sattelgurt wird über die rechte Seite heruntergelassen (prüfen, ob Sattelblätter und Unterlage glatt liegen) und nun mit der ersten und dritten Strippe leicht angezogen. Ruckartiges oder festes Anziehen ist grundverkehrt. Es kann beim Pferd ein Angstgefühl hervorrufen und zum Sattelzwang führen, oder das Pferd steigt. Das Nachgurten erfolgt erst nach dem Aufsitzen und während des Reitens bei einer Lockerung des Gurtes.

Führen wir das Pferd nun aus dem Stall, so bleiben die Steigbügel zunächst noch hochgezogen. Der führende Reiter geht links vom Pferd – er schaut es nicht an, sondern geradeaus. Die Zügel, die noch auf dem Pferdehals verbleiben, werden mit der geschlossenen

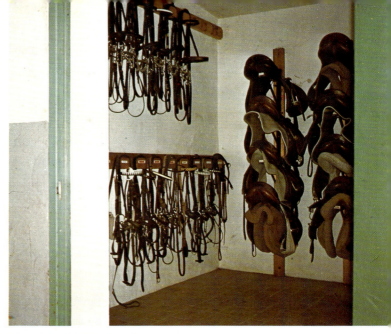

Vorbildliche Sattelkammer

rechten Hand etwa 15 cm hinter den Trensenringen gefaßt (Mittel- und Zeigefinger greifen dabei zwischen die Zügel). Das Pferd muß stets mit Vorsicht durch die Stalltür geführt werden. Zu beachten ist auch, daß die Kehrtwendungen beim Führen rechtsherum erfolgen. Aufgesessen wird vor dem Stall, bei Bahnstunden in der Halle. Zuvor werden die *Bügel vermessen*. Hierbei kann man sich nicht nach den Riemenlöchern richten, sondern muß jeden Bügel einzeln am gestreckten Arm abmessen (Fingerspitze auf der hochgezogenen Schnalle des Bügelriemens und Bügelsohle unter der Achselhöhle). Beide Bügel müssen die gleiche Länge haben.

Zum *Aufsitzen* nimmt der Reiter die Zügel – leicht anstehend – in die linke Hand, greift damit auf den Widerrist oder knapp darüber in die Mähne. Er steht mit seiner linken Seite, also Blickrichtung Kruppe, nah am Pferd, faßt mit der rechten Hand den Bügelriemen so, daß der Bügel nach vorn gerichtet ist, und tritt nun den linken Fuß bis hinter den Ballen durch, wobei die Fußspitze keinesfalls den Pferdekörper berühren soll. Das linke Knie bleibt mit der Außenseite am Sattel. Mit der rechten Hand hält sich der Reiter am Hinterzwiesel fest, mit dem rechten Bein stößt er sich ab, schwingt es gestreckt und leicht über die Kruppe, während der Oberkörper entsprechend vorgeneigt ist. Er läßt sich dann vorsichtig, ruhig in den Sattel gleiten. Das Ganze soll eine geschmeidige, abgerundete Bewegung in elegantem Schwung sein. Heftiges In-den-Sattel-fallen-lassen muß unbedingt vermieden werden; das Pferd könnte erschrecken, sich verspannen (Verkrampfung der Rückenmuskulatur) oder antreten, d. h. sich in Bewegung setzen. Es soll jedoch während des Aufsitzens und danach – gleichfalls beim Absitzen – ruhig und auf vier Beinen stehen. Nach dem Aufsitzen Zügel ordnen, prüfen, ob die Bügel gleich lang sind, und nachgurten, wobei das linke Bein mit dem Bügel an den vorderen Sattelrand gehoben wird (Zügel in eine Hand).

Das *Absitzen* erfolgt gleichfalls als Bewegung mit beherrschtem Schwung. Der Reiter hält die – leicht anstehenden – Zügel in der linken Hand, mit der er sich auf den Mähnenkamm stützt, nimmt den rechten Fuß aus dem Bügel, verlagert das Gewicht auf den linken Fuß und schwingt das rechte Bein gestreckt über die Kruppe. Mit der rechten Hand hält er sich am Hinterzwiesel, zieht den linken Fuß aus dem Steigbügel und läßt sich dann federnd nieder.

Der Reitunterricht beginnt fast immer in der Bahn, denn hier kann er am gefahrlosesten und konzentriert durchgeführt werden, auch wenn mehrere Reiter zugleich daran teilnehmen.

Die Reitbahn ist ein Viereck mit zwei langen und zwei kurzen Seiten. Das übliche Maß in der Halle (gedeckte Bahn) oder auf dem Reitplatz (offene Bahn) beträgt 20 mal 40 m. Für internationale Dressurprüfungen werden allerdings Maße von 20 mal 60 m gefordert. Die am Rande der Bahn sichtbare Wegspur ist der äußere Hufschlag. Ein zweiter, der innere Hufschlag, verläuft, kaum erkennbar, etwa 1 1/2 m nach innen parallel dazu. Zwölf an der Bahnwand oder Umgrenzung markierte Punkte (Paradepunkte) dienen dem Reiter als Orientierungshilfe bei korrekter Ausführung der Hufschlagfiguren. Die anzureitenden Punkte im Bahninneren sind ebenfalls festgelegt, aber nicht sichtbar, daher nur gedachte Punkte. Die Bande, die den Sinn hat, daß der Reiter zur Wand hin nicht eingeklemmt werden kann, ist eine etwas schräg nach unten innen verlaufende Holzverschalung der Hallenwand (etwa 1 1/2 m hoch). Schließlich gehört zur Ausstattung der Halle noch ein breiter Spiegel, in dem der Reiter seine und des Pferdes Haltung kontrollieren kann und soll – das ist keine Eitelkeit, sondern eine große Hilfe, um die Fehler auch visuell zu erkennen. Die zur Bahnmitte weisende Seite des Reiters wird als innere Seite bezeichnet, die andere ist entsprechend die äußere. Bewegen sich Reiter und Pferd in der Bahn linksherum, so befinden sie sich auf der linken Hand, rechtsherum reiten sie auf der rechten Hand.

Da die Reitbahn fast immer von mehreren Reitern gleichzeitig benutzt wird, muß jeder einzelne Rücksicht üben und sich an festgelegte Regeln halten. Diese *Bahnordnung* hat folgende grundsätzliche Richtlinien: Vor Betreten der Reithalle ruft der Reiter »Tür frei« und wartet die Aufforderung zum freien Passieren ab. Zum Auf- oder Absitzen, Nachgurten oder Pferdewechsel stellt sich der Reiter in der Mitte der Bahn, parallel zur kuzen Seite, auf (falls nicht andere Order des Reitlehrers gegeben wurde). Die Abteilung ist dem Einzelreiter gegenüber bevorrechtigt. Höhere (schnellere) Gangarten haben Vorrecht vor niederen. Das Ausweichen – selbstverständlich zum Bahninneren – erfolgt zur rechten Seite; der auf der linken Hand Reitende verbleibt auf dem äußeren Hufschlag, der auf der rechten Hand Reitende weicht auf den inneren Hufschlag aus. Den Anordnungen des Reitlehrers ist in jedem Falle Folge zu leisten. Drei Begriffe sind daher maßgeblich und müssen von jedem Reiter akzeptiert werden: Disziplin, Ordnung, Kommando.

Die Kommandos und korrigierenden Worte des Reitlehrers, die er, schon durch die Größe der Halle bedingt, kurz und mit entsprechender Lautstärke erteilen muß, mögen manchen jungen Reiter zunächst befremden, sind aber in dieser Form notwendig, um ihn durch klare Weisungen im Unterricht zu fördern und um aus ihm einen Reiter zu machen. Das Verhältnis zwischen Reitlehrer und Schüler ist mit Hinblick auf das Vorwärtskommen des Reiters von großer Bedeutung. Auch der Reitlehrer wird in seinem verantwortungsvollen Beruf nur Befriedigung finden, wenn er Resonanz, Mitarbeit und Vertrauen bei seinen Schülern feststellen kann. Fast immer verbindet Lehrer und Schüler die gemeinsame Arbeit, gemeinsames Erleben zu einer guten Kameradschaft und Freundschaft. Daraus ergeben sich viele frohe und lustige Stunden, die nicht zuletzt ein Teil des reiterlichen Lebens sind.

Der korrekte Sitz ist Grundlage jeder Bewegung des Reiters und des gerittenen Pferdes. Darauf richtet sich zunächst erst einmal alle Aufmerksamkeit. Eine natürliche Haltung wird gefordert, die allerdings dem Anfänger, besonders wenn er nicht sportlich trainiert ist, zunächst recht kompliziert erscheinen mag. Ein guter Sitz verhindert Verkrampfungen, Ermüdungen und die Störung des Gleichgewichts bei Reiter und Pferd, er gibt Sicherheit und Harmonie und macht das Reiten überhaupt erst möglich. Wer nicht in der Lage ist – und das kommt vor – den richtigen Sitz zu finden, der gebe das Reiten auf. Wie aber ist nun der korrekte Sitz? Die tiefste Stelle, die Mitte des Sattels ist die Basis des Sitzes. Der Reiter belastet sie mit seinem Gewicht, mit entspannten Gesäßmuskeln, d. h., er setzt sich gelockert und fest in den Sattel hinein. Beide Hüften stehen dabei auf gleicher Höhe (kein Einknicken oder Verschieben einer Seite). Der Oberkörper richtet sich gerade aus den Hüften auf (kein Hohlkreuz, nicht nach vornüber fallen, keinen Buckel) mit einem angezogenen, aber nicht versteiften Kreuz. Die Schultern fallen natürlich nach unten und sind ohne Verkrampfung zurückgenommen. Oberarm und Ellenbogen liegen locker, gelöst am Körper, der

Unterarm im rechten Winkel. Die Hände (Fäuste) stehen aufrecht in Verlängerung des Unterarms. Die Daumen decken die Fäuste. Der Kopf wird frei und gerade aus den Schultern aufgereckt gehalten, mit angezogenem Kinn, Blickrichtung nach vorn. Die Oberschenkel liegen flach und fest ein wenig nach innen gerichtet am Sattel, wodurch das Knie tief und flach angelegt wird. Gelockert hängt der Unterschenkel nach unten; die flache Wade liegt am Pferdekörper an. Der Fußballen stützt sich fest in den Bügel, Fußspitze leicht nach innen gekehrt. Der Absatz ist stets und immer der tiefste Punkt des Reiters, so wie das Knie in jedem Falle fest am Sattel verbleiben muß.

Wer Wert darauf legt, einen sicheren, unabhängigen Sitz und eine gelöste Haltung zu erlangen, der nehme *LONGESTUNDEN.* Gangart und Gangmaß des Pferdes dirigiert der Reitlehrer, so daß sich der junge Reiter ganz auf seinen Sitz, auf das Einfühlen in die Bewegung des Pferdes und auf die Balance – entsprechend den Anweisungen des Reitlehrers – konzentrieren kann. Er darf sich dabei am Sattel festhalten (das ist besser als am Zügel), um sich an den Bewegungsablauf, der besonders im Trab erkennbar wird, zu gewöhnen. Das ausgebundene Pferd wird an einer etwa 7 m langen Leine (Longe) im Kreis (Zirkel) auf der linken, dann auf der rechten Hand vom Reitlehrer bewegt, der dabei eine lange Peitsche gebraucht. Gewöhnlich erfolgt dies im frischen Arbeitstempo. Sehr fördernd ist dabei das Reiten ohne Bügel. Auch ohne Zügel – verknotet wird er auf den Pferdehals gelegt – muß der Reiter seinen Sitz ausbalancieren. Das Bewegen auf dem Zirkel, das zugleich eine Biegung des Pferdes nach innen bedingt, gibt dem Reiter schon einen Begriff von der Ausführung der Wendungen. Er muß hierbei sein Gewicht auf den inneren Gesäßknochen verlagern und findet somit die Haltung, die Voraussetzung vieler Übungen des späteren Reitunterrichtes ist. Übrigens erweist sich der Longe-Unterricht nicht allein für den jungen Reiter von großem Vorteil, sondern auch der Fortgeschrittene kann dadurch Sitz und Zügelführung exakt korrigieren.

Das *VOLTIGIEREN,* das als Vorstufe und Vorbereitung zum Reiten eine wichtige Rolle spielt, wird in dem Kapitel »Kinder zu Pferd« eingehend behandelt.

Auf die richtige *HANDHALTUNG und ZÜGELFÜHRUNG* muß der junge Reiter in gleichem Maße wie auf den korrekten Sitz bedacht sein. Der Zügel stellt über das Gebiß die Verbindung zwischen Reiterhand und Pferdemaul dar – die Anlehnung. Jede Bewegung der Fäuste gilt dem Pferd als Signal, denn es verspürt sie im Maul. Die Hände sollen daher beim Reiten grundsätzlich ruhigstehen und nur zur bewußten Einwirkung in Aktion treten. Darum muß sich der junge Reiter bemühen – was in den ersten Stunden nicht immer gelingt –, nicht am Zügel zu ziehen, zu zerren oder sich festhalten zu

Dressur im Wiesbadener Schloßpark

wollen. Er stelle sich vor, daß die Zügel letztlich nur eine Verlängerung der direkten Verbindung zwischen seiner Hand und den Trensenringen, also dem Gebiß, darstellt, und daß demnach ein Zerren im empfindlichen Pferdemaul Druck oder Schmerz verursacht. Die Zügel verlaufen von den Trensenringen glatt und ohne Verdrehung zu den Händen. Zügel, Hand und Unterarm sollen eine Linie bilden. Die Zügel werden von oben gefaßt, zwischen kleinem und Ringfinger in die Faust aufgenommen, die aufrecht steht und fest geschlossen wird. Das Zügelende hängt über den Zeigefinger und wird vom leicht gekrümmten Daumen festgehalten. Die Enden fallen auf die rechte Pferdeseite. Die Fäuste stehen eine Handbreit über dem Widerrist. Der Zügel soll, wenn nicht am hingegebenen Zügel geritten wird, anstehen. Zu kurze oder zu lange Zügel stören die Einwirkung; der Reiter muß in diesem Fall nachgeben, bzw. nachfassen. Er kann Handhaltung und Zügelführung, ohne hinsehen zu müssen, selber kontrollieren und korrigieren. Wichtig ist, daß Fäuste und Handgelenk nicht verkrampft werden, hart sind; die Gelenke sollen elastisch sein. Die Fäuste dürfen nicht abgeknickt, d. h. angedrückt, und nicht verdreht werden. Wesentlich ist, daß die Hand die Zügel weich führt.

Die Hilfen

Der Reiter veranlaßt das Pferd (im Unterricht gemäß den Anweisungen des Reitlehrers) zu den einzelnen Bewegungen, Gangarten und Tempi durch seine Einwirkungen. Er muß dem Pferd verständlich machen, wie und wohin es sich bewegen und wann es halten soll, die Hilfen dienen der Verständigung. Sie sind eine Mitteilung, also die Sprache des Reiters zum Pferd. Außer den drei Hauptarten Gewichts-, Schenkel- und Zügelhilfen gelten Gerte, Sporen und die Stimme als zusätzliche Hilfen. Wesentlich ist es, daß alle Hilfen klar, knapp, gezielt und eindeutig gegeben werden, und daß sie harmonisch zusammenwirken. Grundsätzlich unterscheiden wir zwischen treibenden und verwahrenden Hilfen, wobei die treibenden den größeren Anteil haben.

Zum wirksamen Einsatz der *GEWICHTSHILFE* ist notwendig, daß die Schwerpunkte von Reiter und Pferd übereinstimmen müssen. So, wie der Reiter mit der Pferdebewegung mitgeht, ist auch das Pferd bestrebt, seinen Schwerpunkt mit dem des Reiters in Einklang zu bringen. Wenn also der Reiter seinen Schwerpunkt, sein Gewicht verlagert, so wird das Pferd dieser Bewegung folgen. Daher bedeutet die einseitige Gewichtsverlagerung des Reiters seine Aufforderung an das Pferd, die Richtung zu ändern. So bewirkt z. B. Gewichtsverlagerung nach rechts (durch Belastung des rechten Gesäßknochens, zugleich mit Schenkel- und Zügelhilfe) eine Richtungsänderung des Pferdes nach rechts. Zum Begriff der Gewichtshilfe gehören auch die Kreuzhilfen (Straffen, Anziehen des Kreu-

zes). Sie können treibend oder verhaltend wirken, aber nicht richtungsändernd; sie beeinflussen nur das Tempo. Ein leichtes Rückwärtsneigen des Oberkörpers mit angespanntem Kreuz, und zwar wie beim Schwungholen auf einer Schaukel, übt Druck auf den Pferderücken aus (Gewichtsbelastung durch beide Gesäßknochen) und wirkt vorwärtstreibend. Leichtes Vorneigen des Oberkörpers dagegen entlastet die Hinterhand und hat ein Verhalten des Tempos zur Folge. Diese Hilfen müssen allerdings durch Schenkel- und Zügelhilfen unterstützt werden, da – wie schon erwähnt – erst das Zusammenspiel der Hilfen dem Pferd eindeutige Weisung geben kann. Auch die sog. *SCHENKELHILFEN* wirken treibend (vorwärts oder seitwärts) sowie verwahrend. Einsetzen können wir sie nur bei richtiger Grundhaltung, wenn die Wade flach ist, d. h. also fester Knieschluß, tiefer Absatz, Fußspitze nach innen. Üben beide Unterschenkel an oder direkt hinter dem Gurt Druck aus, so treiben sie das Pferd vorwärts, wobei im Zusammenhang mit der Kreuzhilfe vermehrtes Untertreten der Hinterhand erreicht werden kann. Durch Druck des inneren Schenkels direkt hinter dem Gurt wird das Pferd seitwärts getrieben. Der äußere Schenkel ist der verwahrende. Er liegt eine Handbreit hinter dem Gurt und verhindert durch festes Rannehmen oder Druck ein seitliches Ausweichen des äußeren Hinterfußes. Die *ZÜGELHILFEN* werden immer von Kreuz- und Schenkelhilfen unterstützt. Es gibt durchhaltende, nachgebende, annehmende und verwahrende Zügelhilfen. Sie werden durch leichtes Mitgehen, Eindrehen oder festes Schließen der Hände – was ein vermehrtes Anspannen der Zügel bewirkt – gegeben. Die durchhaltende Zügelhilfe wird bei halben Paraden angewandt oder wenn ein Pferd zu stark Anlehnung (die Verbindung vom Pferdemaul zur Hand zu starr wird) nimmt. Die Hände bleiben dabei unverändert in ihrer Stellung, werden aber fest geschlossen; gleichzeitig muß das Kreuz angespannt sein; das Gesäß schiebt sich etwas im Sattel vor. Sobald das Pferd nachgibt, weich wird, muß die Hand des Reiters wieder leicht und im Gelenk elastisch werden. Für die nachgebenden Zügelhilfen bleiben die Hände bei geringer Auswärtsdrehen stehen (kleiner Finger geht in Richtung Pferdemaul). Wenn eine Streckung des Pferdehalses erfolgen muß, wie z. B. beim Springen, so können die Hände und die Arme entsprechend nach vorne nachgeben; die Anlehnung soll dabei bestehen bleiben. Die annehmende Zügelhilfe wird durch festes Schließen und Eindrehen der Fäuste (leicht nach innen oben) gegeben. Sie dient, wenn sie mit beiden Händen ausgeführt wird, zur Verkürzung des Tempos oder zum Halten sowie zum Übergang von höherer zu niederer Gangart. Wird diese Hilfe lediglich von einer Hand ausgeführt, so bewirkt sie das Wenden von Kopf und Hals des Pferdes in die entsprechende Richtung. Der äußere Zügel muß bei der Ausführung einer Wendung durch leichtes Gegenhalten der Hand verwahrend wirken, was als verwahrende Zügelhilfe bezeichnet wird.

Gerte und Sporen gelten als zusätzliche Hilfen; sie unterstützen den treibenden Schenkel. Sporen werden leicht an den Pferdeleib – nicht zu weit hinter dem Sattelgurt – angedrückt. Ein ruckartiges Stoßen verursacht dem Pferd Schmerzen und wird von ihm als Strafe empfunden. Ständiges Anwenden der Sporen stumpft das Pferd ab. Wie bereits erwähnt, soll der Gebrauch von Sporen dem geübten Reiter vorbehalten bleiben. Die Gerte aber gehört schon in die Hand des jungen Reiters. Er wirkt damit auf die Flanke oder – z. B. beim Angaloppieren – auf die innere Schulter des Pferdes ein. Die Gerte wird immer in der inneren Hand gehalten und soll sparsam, also wirklich nur als zusätzliche Hilfe, gebraucht werden.

Die PARADEN sind stets im Zusammenspiel mit Kreuz- und Schenkelhilfen auszuführen. Sie bewirken, daß das Pferd den Schwerpunkt nach rückwärts verlagert, so daß es nach der Hinterhand pariert. Die halbe Parade hat den Sinn, das Pferd aufmerksam zu machen, Haltung und Takt in der Bewegung zu verbessern. Sie wird beim Übergang von höherer zu niederer Gangart sowie als Einleitung für jede Lektion gegeben und zwar bei angespanntem Kreuz, vortreibendem Schenkel, durch ein kurzes Annehmen und Nachlassen der Zügel.

Die ganze Parade soll das Pferd – gleich aus welcher Gangart heraus – zum Halten veranlassen. Halbe Paraden gehen ihr voraus. Durch verstärktes Annehmen der Zügel, vermehrte Einwirkung des Kreuzes, vermehrtes Treiben des Schenkels wird die ganze Parade ausgeführt; das Pferd wird von hinten nach vorn an die Reiterhand geschoben. Nach dem Halten des Pferdes müssen die Fäuste sofort wieder nachgeben. Das Pferd soll ruhig und auf vier Beinen gleichmäßig belastet stehen. Bei fehlerhaft ausgeführter Parade weicht es seitwärts aus oder tritt zurück.

So wird auch hierbei ersichtlich, daß das richtige Zusammenspiel der Einwirkungen des Reiters von größter Bedeutung ist. Hierzu ein vielleicht etwas gewagter Vergleich: Auch dem Anfänger beim Autofahren fällt es schwer, viele verschiedene Forderungen gleichzeitig richtig auszuführen; Kupplungs- und Gaspedal im richtigen Verhältnis zu bedienen, dabei noch zu steuern, zu schalten, Blinkzeichen zu geben und auf den Verkehr und Verkehrsschilder zu achten. Nach einiger Zeit und Übung aber wird dies alles selbstverständlich, manches automatisch ausgeführt. Ähnliche Anfangsschwierigkeiten mit der Koordinierung mehrerer Forderungen hat auch der junge Reiter. Er ist kaum in der Lage, das, was an gutem Sitz, Balance und Zusammenspiel der Einwirkungen von ihm verlangt wird, gleichzeitig befriedigend auszuführen, und dabei noch auf die Kommandos und die besondere Art seines Pferdes zu achten. Ein Pferd ist keine Maschine, sondern ein Lebewesen mit eigenem Willen. Kein Pferd gleicht in Temperament, Charakter und Bewegungen dem anderen. Hier unterscheiden sich die Anforderungen, die an einen Reiter gestellt werden, von denen des Autofahrers.

Beim *Abteilungsreiten* wird der Unterricht in einer Gruppe von mehreren Reitern durchgeführt. An der Spitze oder Tête reitet im allgemeinen der fortgeschrittenste Reiter. Auch der am Ende der Abteilung Reitende soll schon über einige Fähigkeiten verfügen, denn nach Kehrtwendungen übernimmt er die Tête. Der erste Reiter ist für die gleichmäßige Einhaltung der angegebenen Tempi und die Befolgung der Kommandos verantwortlich. Die übrigen Reiter müssen auf den richtigen Abstand achten. Werden bestimmte Übungen, wie Volte oder Kehrtwendungen, gleichzeitig ausgeführt, so muß sich der einzelne nach den anderen Reitern ausrichten. Beim Abteilungsreiten erteilt der Reitlehrer Kommandos und korrigiert die Reiter. Um die Fortschritte der einzelnen Reiter besser beurteilen und ihre Fehler verbessern zu können, läßt der Reitlehrer häufig durcheinanderreiten. Hierbei gibt er, um eine bestimmte Ordnung innerhalb der Bahn zu wahren, individuelle Anweisungen. Besonders fördernd für die Ausbildung ist das Einzelreiten, das leider wegen Zeit- und Platzmangels nicht allzuhäufig durchgeführt werden kann. Bei diesem konzentrierten Unterricht werden Anweisungen und Korrekturen erteilt. Der junge Reiter sollte sich aber in der Abteilung nicht nur als Teil der Gruppe, sondern stets auch als Einzelreiter fühlen. Er darf sich nicht auf den Herdentrieb und den Kommando-

Parade

gehorsam seines Pferdes verlassen. Das Pferd muß unbedingt seine Hilfe spüren, auch wenn es gewohnt ist, ohne diese die geforderten Übungen auszuführen. Ein Begriff, mit dem der junge Reiter bald konfrontiert wird, heißt: »Das Pferd an die Zügel stellen.« Was ist darunter zu verstehen? Der Reiter treibt die Hinterhand seines Pferdes mit beiden Schenkeln bei angespanntem Kreuz vor; das Pferd muß also von hinten nach vorne herangeschoben werden. Dabei soll der Pferdehals in natürlicher Weise gebogen und das Genick nachgiebig sein, Stirn- und Nasenlinie verlauten senkrecht. Zwischen Pferdemaul und Reiterhand besteht als ganz unmittelbare Verbindung die Anlehnung. Mit dieser Position befindet sich das Pferd in einer Achtungstellung, in der es die vom Reiter gegebenen Hilfen erfaßt und die beabsichtigten Bewegungen ausführen kann.

Schritt, Trab, Galopp

Der *SCHRITT* ist natürlich die erste Gangart, die der junge Reiter kennenlernt. Zum Anreiten hat er das Pferd an den Zügel gestellt, sich korrekt im Sattel zurechtgesetzt und übt bei leicht angezogenem Kreuz mit beiden Schenkeln einen kurzen energischen Druck aus. Sobald sich das Pferd in Bewegung gesetzt hat, gibt er sofort mit den Händen etwas nach, die Anlehnung bleibt jedoch bestehen. Der Schritt soll taktmäßig, fleißig und schließlich raumgreifend sein. Da manche Reitschulpferde träge, faul oder abgestumpft sind, muß der Reiter treiben, immer wieder mit dem Unterschenkel treiben und sein Pferd aufmuntern. So gesehen, kann der Schritt, der als einfachste Gangart erscheint, dem Reiter viel abverlangen. Setzt er sich nicht gleich zu Anfang energisch durch, kann es ihm passieren, daß sein Pferd immer wieder langsam wird, stehen bleibt oder in die Mitte schreitet, um dort seinerseits den Unterricht zu beenden. Das darf er natürlich nicht durchgehen lassen. Er muß ihm seinen Willen knapp und eindeutig durch erneutes Anreiten und Vorwärtsstreiben zu verstehen geben.

Für den Anfang ist der Mittelschritt das meistgegebene Tempo. Damit der Reiter sich zunächst auf Sitz und Haltung konzentrieren kann, wird zwischendurch am hingegebenen Zügel – d. h. ohne Anlehnung – geritten. Hierbei entspannt sich das Pferd, es streckt Hals und Kopf vorwärts abwärts. Beim Schritt muß der junge Reiter besonders auf den Takt, die gleichmäßige, rhythmische Vorwärtsbewegung achten, und sich gelöst in diese Bewegung einfühlen, um das Gleichgewicht zu finden.

Der *Trab* ist eine schwungvolle Gangart. Die Bewegungen des Pferdes werden von dem jungen Reiter anfänglich als recht heftig empfunden; er fühlt sich im Sattel hin- und hergerüttelt, besonders, wenn er ein Pferd reitet, das nicht genügend durchgymnastiziert ist

oder einen harten Trab hat. Der Reitlehrer wird nach Möglichkeit dem Anfänger für die ersten Unterrichtsstunden ein Pferd mit ruhigen, weichen Bewegungen geben, damit er seinen Sitz nicht verliert, sondern eine gute Einfühlung in den Rhythmus findet. Beim Antraben (zunächst aus dem Schritt, später erst aus dem Halten) werden die gleichen Hilfen gegeben wie beim Anreiten zum Schritt, allerdings in verstärkter Form. Vor allem ist auf die Einwirkung des Kreuzes zu achten. Wichtig ist es auch, daß der Oberkörper in natürlicher, gerader Haltung verbleibt, daß er beim Antraben nicht nach hinten, und beim Traben oder beim Übergang zum Schritt nicht nach vorne fällt. Die Fäuste müssen ruhig stehen. Ein Festhalten oder Ziehen am Zügel irritiert das Pferd und stört das Gleichmaß seiner Bewegungen. Bei großer Unsicherheit kann der junge Reiter vorn in den Sattel oder an einem dafür bestimmten Riemen greifen, um sich festzuhalten, bis er seinen Sitz wiedergefunden hat. Das ist besser, als akrobatische Balancierkünste oder das Anklammern mit den Beinen. Schenkel und Knie müssen ruhig und fest anliegen; die Absätze bleiben tief! Werden sie hochgezogen, so verändert sich nicht nur die Lage des Knies, sondern es besteht die Gefahr, daß der Reiter den Bügel verliert. Er muß sich fest in den Sattel hineinsetzen, die Gesäßknochen gleichmäßig belasten und immer wieder möglichst gelöst mit der Bewegung mitgehen. Der Arbeitstrab ist für das Vertrautwerden des Reiters mit der neuen Gangart, zur Lockerung und überhaupt zu Ausbildungszwecken das geeignete Tempo. Er liegt im Raumgriff (Schrittweite) zwischen Mitteltrab und versammeltem Trab. Soll das Tempo verstärkt werden, so treibt der Reiter vermehrt mit den Schenkeln, vermeidet aber plötzliche Heftigkeit, denn der Übergang soll ruhig und fließend sein. Längeres Aussitzen des Trabes belastet den Pferderücken, auch die Gelenke, und es ist außerdem anstrengend für den Reiter.

Eine Erleichterung für Reiter und Pferd ist somit das *Leichttraben*. Hierbei kann das Pferd sich besser lösen, sein Rücken ist weitgehend entlastet. Im Gelände (unebener Boden) wird daher stets leichtgetrabt. Auch sollen junge Pferde nur leichttrabend gearbeitet werden. Beim Leichttraben stützt sich der Reiter mit seinem Gewicht auf die Bügel, die Stellung der Knie bleibt dabei unverrückt fest am Sattel haftend. Er fängt jeden zweiten Trabstoß auf, indem er sich beim Auffußen eines diagonalen Beinpaares aus dem Sattel hebt. Beim nächsten Tritt setzt er sich – mit leicht angezogenem Kreuz – weich wieder in den Sattel. Er sitzt jedesmal gleichzeitig mit dem Auffußen des rechten oder linken Hinterfußes ein. In der Bahn muß der Reiter immer auf dem inneren Hinterfuß einsitzen, d. h., er hebt sich aus dem Sattel, wenn die äußere Pferdeschulter nach vorn geht. Wird die Richtung gewechselt (Handwechsel), so sitzt er einen Tritt aus, damit er wieder auf dem inneren Hinterfuß einsitzen kann. Wesentlich ist es, daß auch beim Leichttraben Schenkel und Kreuz unvermindert einwirken.

Gänzlich verschieden von den Bewegungen des Pferdes im Trab sind die Sprungbewegungen im *GALOPP,* der schnellsten, elegantesten und anmutigsten Gangart des Pferdes. Anders als die Hilfengabe bei Schritt und Trab sind daher auch die Hilfen zum Galopp. Während man sie bei den ersten Gangarten als symmetrisch bezeichnen könnte, ist die Einwirkung des Reiters sowie seine Haltung beim Galopp nicht beidseitig gleich. Hier muß er also etwas grundsätzlich Neues erlernen, vor allem die einseitige Gewichtsverlagerung und die Stellung des Pferdes. Wie schon erwähnt, unterscheiden wir den Rechts- und den Linksgalopp, d. h., das Pferd greift mit dem rechten oder dem linken Vorderbein vor. Es muß dementsprechend gestellt sein. also Rechtsgalopp = rechtsgestellt, Linksgalopp = linksgestellt. Die den Galopp bezeichnende Seite ist die innere. Zum Angaloppieren (anfänglich am besten aus der Ecke vor der langen Wand oder auf dem Zirkel, da das Pferd dann bereits eine leichte Innenbiegung haben sollte) verlagert der Reiter sein Gewicht vermehrt nach innen und schiebt die innere Hüfte – ohne jedoch einzuknicken – etwas vor. Der treibende, also der innere Schenkel liegt am Gurt, der äußere verwahrende befindet sich eine Handbreit hinter dem Gurt. Der Reiter gibt mit der äußeren Hand eine halbe Parade. Vermehrter Druck auf den inneren Gesäßknochen und der treibende Schenkel veranlassen das Pferd, anzuspringen; dabei gibt die innere Hand leicht nach. Ruhig, frei und schwungvoll soll sich die Vorhand zum Galopp herausheben. Nun muß sich der Reiter geschmeidig den wiegenden Bewegungen anpassen und immer mitgehen. Bei jedem Sprung schiebt sich das Gesäß im Sattel mit vor, »wischt ihn aus«. Er spannt das Kreuz – ohne Versteifung – an, so wird er sich nicht vom Sattel abheben oder seinen Sitz verlieren. Ruhig stehen die Hände, sie bleiben elastisch; der innere Schenkel und das Kreuz treiben. Dadurch werden die Bewegungen schwungvoll und taktmäßig sein. Die Übergänge zum Trab oder Schritt sollen fließend, weich und ruhig, aber ganz exakt vorgenommen werden (Kreuz anspannen, der Oberkörper darf nicht nach vorne sacken). Beim Handwechsel oder bei falschem Angaloppieren pariert der Reiter zum Schritt durch, stellt sein Pferd um und galoppiert nach zwei bis drei Schritten erneut ruhig an. Diese ist der einfachste Galoppwechsel. Der direkte Übergang vom Links- zum Rechtsgalopp oder umgekehrt wird als fliegender Galoppwechsel bezeichnet. Er wird wie auch der versammelte Galopp nur vom erfahrenen Reiter ausgeführt. Die drei Grundgangarten zu beherrschen und dabei sicher im Sattel zu sitzen ist ein erstes Ziel der Ausbildung. Diese elementare Grundlage zu erreichen hilft das Reiten ohne Bügel (sie werden übergeschlagen) und ohne Zügel sowie Entspannungs- und Gleichgewichtsübungen. Der junge Reiter darf die Bedeutung dieser Übungen nicht unterschätzen; sie sollen Freude machen und bringen Abwechslung in den Unterricht. Darüber hinaus ist es nützlich, wenn er auch zu Hause einige gezielte gymnastische Übungen vornimmt, besonders, wenn er nur zwei oder drei Reitstunden wöchentlich hat. Eine Lockerung des Körpers und eine gerade, aufrechte Haltung auch im Alltagsleben erleichtern ihm das Reitenlernen und ersparen ihm den gefürchteten Muskelkater sowie Schmerzen und Versteifungen.

Wenn er sich sicher und selbstverständlich ohne Zügel und Bügel beim frischen Trab im Sattel »zu Hause« fühlt, kann er den weiteren Ausbildungszielen getrost entgegensehen. Dann ist auch der Zeitpunkt gekommen, wo er das erste Mal mit einer Gruppe ausreiten darf; wo die Freude und das Glück dieses Erlebnisses das Quentchen Angst, das er vielleicht doch noch hat, weit überwiegt. Er fühlt sich das erste Mal wirklich als Reiter, empfindet die Bewegungen seines Pferdes bewußter und ist auf einmal stärker mit ihm verbunden.

Reiten auf einem Zirkel

Hufschlagfiguren

Zur weiteren Ausbildung des Reiters, der die drei Grundgangarten beherrscht, gehört das Reiten der Hufschlagfiguren. Die Übungen müssen sauber und exakt ausgeführt werden, was nur durch richtiges und eindeutiges Hilfengeben zu erreichen ist. Außerdem muß der Reiter lernen, sein Pferd geradezurichten. Manche Pferde haben von Natur aus oder durch Angewohnheit (besonders in der Bahn zu bemerken) eine schiefe Haltung. Sie beeinträchtigt das Einwirken der Hilfen und muß daher korrigiert werden. Die falsche Körperhaltung des Pferdes entsteht meist dadurch, daß es versucht, sich dem Untertreten der Hinterhand durch seitliches Heraustreten eines Hinterfußes zu entziehen, oder sich das Biegen in der Längsrichtung durch ein Wenden von Hals und Kopf bequemer zu machen. Diesem Bestreben muß entgegengewirkt werden, denn das Pferd soll sowohl der gerade verlaufenden Bewegung wie in der Biegung vom Genick bis zum Schweifansatz eine gleichmäßige Linie bilden. Die Tritte der jeweiligen Vorder- und Hinterfüße müssen in einer Spur verlaufen. Das *GERADERICHTEN* wird bei energischem Vorwärtsreiten ausgeführt. Die Vorhand muß auf die Hinterhand eingerichtet werden. Der Reiter nimmt, wenn z. B. der innere Hinterfuß seitwärts austritt, mit dem inneren Zügel die Vorhand so weit herein, bis die Hinterfüße in die Spur der Vorderfüße treten. Dabei treibt der äußere Schenkel vorwärts und der innere liegt verwahrend knapp hinter dem Gurt. Der Reiter denke stets an die alte Grundregel: »Reite Dein Pferd vorwärts und richte es gerade.«
Lösen und Versammeln – was bedeutet das?
Zum besseren Verständnis der Reaktionen des Pferdes auf die Hilfen und zum Erkennen des Sinns bestimmter Lektionen seien hier einige Worte darüber gesagt. Lösende Übungen bewirken Losgelassenheit, physisches und psychisches Entspanntsein des Pferdes. Der Gehorsam des Pferdes und eine erhabene Haltung wird durch versammelnde Übungen gefördert.
Jedes Pferd, das eine gewisse Zeit gestanden hat, ist in seinen Muskelpartien und Gliedmaßen etwas versteift. Es muß vom Reiter als erstes gelockert, gelöst werden. Das geht bei dem einen Pferd schnell, beim anderen kann es längere Zeit dauern. Ganz ähnlich ist es beim Reiter. Auch er muß zu Beginn des Ritts oder der Unterrichtsstunde seine Verspannungen und Verkrampfungen lösen.
Folgende Übungen fördern die Losgelassenheit: Arbeitstrab, Leichttraben, Arbeitsgalopp, Schritt am hingegebenen Zügel, die Vorhandwendung, wiederholtes Wechseln aus dem und durch den Zirkel, Schlangenlinien, Schenkelweichen, Bodenrickarbeit, Springen über niedrige Hindernisse, Geländereiten sowie das Longieren des Pferdes. Wenn das Pferd Hals und Kopf vorwärts-abwärts streckt, wenn seine Rückenmuskulatur federnd schwingt, wenn es seinen Schweif trägt und seine Bewegungen in allen Gangarten frei

und gleichmäßig sind, dann hat das Pferd Losgelassenheit erlangt, dann läßt es sich durch halbe Paraden sauber an die Zügel stellen.
Die *Versammlung* hat den Sinn, das Pferd in eine Haltung zu bringen, die es ihm ermöglicht, alle vom Reiter geforderten Übungen korrekt auszuführen. Ein Pferd wird versammelt, indem es der Reiter durch leichtes Treiben und Schenkelhilfen an den angestellten Zügel herandrückt. Durch die Versammlung gewinnen Haltung und Bewegungen des Pferdes einen erhabenen Ausdruck. Es richtet sich auf, wird kürzer, trägt Hals und Kopf höher; der höchste Punkt ist das Genick. Die Hinterhand wird vermehrt zum Tragen der Last eingesetzt, energisch treten die Hinterbeine unter. Die Vorhand ist entlastet und kann sich frei herausheben. Versammelnde Übungen sind: Paraden, Angaloppieren aus dem Schritt, Arbeit in verkürzten Gängen, starker Trab, Kehrtwendung, Wendung auf der Hinterhand, Volte, Kurzkehrtwendung, Rückwärtsrichten und Seitengänge. Es bedarf mehrerer Ausbildungsstufen, bis das Versammeln bzw. das Ausführen der versammelnden Lektionen beherrscht wird.
Zum Ausführen der *HUFSCHLAGFIGUREN,* aus denen die Reitstunde besteht, muß der Reiter die Kommandos kennen und verstehen. Auch muß er unterscheiden zwischen den einteiligen Kommandos und denen, die aus zwei Teilen bestehen, wie z. B. Volte – Marsch! Hierbei erfolgt die Ausführung immer erst beim zweiten Teil, also bei »Marsch«. Die markierten und gedachten Bahnpunkte erleichtern das einwandfreie Reiten der Figuren.
GANZE BAHN – Auf dem äußeren Hufschlag der ganzen Bahn reiten (gut in die Ecken einreiten).
HALBE BAHN – Von der ersten Hälfte der langen Seite, kurz vor HB abwendend auf die halbe Bahn übergehen.
DURCH DIE LÄNGE DER BAHN – Knapp (ca. 3 Schritt) vor der Mitte der kurzen Bahn abwenden, auf der Mittellinie durch die Länge der Bahn reiten bis zur Mitte der gegenüberliegenden kurzen Wand; dort den Hufschlag erreichen, auf der gleichen Hand verbleiben. Beim Wenden – auch beim Durchreiten der Ecken – das Pferd um den inneren Schenkel biegen; äußerer Schenkel und äußerer Zügel begrenzen die Innenstellung. Leicht treibender innerer Schenkel, innerer Zügel annehmen, vermehrte Gewichtverlagerung auf den inneren Gesäßknochen. Diese Hilfen gelten nicht allein bei Wendungen, sondern gleichfalls bei Hufschlagfiguren, die aus Wendungen bestehen, wie Wechsel, Zirkel, Volten, Schlangenlinien, Acht.
DURCH DIE GANZE BAHN WECHSELN – Am ersten Wechselpunkt der langen Seite abwenden. Die Bahn diagonal durchreiten, kurz vor dem Wechselpunkt am Ende der gegenüberliegenden langen Seite das Pferd umstellen; beim Wechselpunkt auf den Hufschlag gelangen.
DURCH DIE HALBE BAHN WECHSELN – Vom ersten Wechselpunkt der langen Seite durch die halbe Bahn zum gegenüberliegenden

HB-Punkt reiten, knapp davor das Pferd umstellen. Handwechsel, auf dem Hufschlag weiterreiten; ganze Bahn.

DURCH DIE LÄNGE DER BAHN WECHSELN – Knapp vor der Mitte der kurzen Seite abwenden, auf der Mittellinie geradeaus reiten; vor der Mitte der gegenüberliegenden kurzen Wand umstellen und auf den Hufschlag abwenden, Handwechsel. (Teilweise ist es üblich, das Umstellen bereits am Bahnmittelpunkt vorzunehmen.)

DURCH DIE MITTE DER BAHN WECHSELN – Kurz vor HB abwenden, in gerader Linie auf den gegenüberliegenden HB-Punkt zureiten, Pferd umstellen, bei HB auf den Hufschlag gelangen, Handwechsel. Beim Reiten aller dieser Figuren ist besonders darauf zu achten, daß das Pferd bei jedem Handwechsel zuerst geradegestellt und dann in die neue Stellung gebracht wird. Beim Leichttraben muß dann Fußwechsel erfolgen (einmal aussitzen), und im Galopp wird der einfache Galoppwechsel vorgenommen. Wechsel der Reitgerte nicht vergessen – sie wird stets in der inneren Hand gehalten.

AUF DEM ZIRKEL GERITTEN – Am nächstgelegenen Paradepunkt auf den Zirkel gehen (inneren Zügel annehmen), den Kreis von Punkt zu Punkt ausreiten. Das Reiten auf dem Zirkel ist ein sich ständig wiederholendes Wenden des Pferdes, das dabei die dem Zirkelbogen entsprechende Längsbiegung haben muß.

AUS DEM ZIRKEL WECHSELN – Am gedachten Paradepunkt (offene Seite des Zirkels) auf den anderen Zirkel überwechseln; Pferd geradestellen, Zügel nachfassen (inneren verkürzen, äußeren nachgeben) und das Pferd umstellen.

DURCH DEN ZIRKEL WECHSELN – Am Paradepunkt vor der offenen Seite abwenden, in S-Form durch den Zirkel wechseln (auf die kurze Seite hin). In der Zirkelmitte das Pferd umstellen. Beim Paradepunkt der gegenüberliegenden Wand auf dem Zirkel weiterreiten.

VOLTE MARSCH – Bei »Marsch« abwenden. Die Volte kann von jeder beliebigen Stelle aus geritten werden, für den Anfänger am besten aus der Ecke heraus. Den Kreisbogen von 6 Schritt Durchmesser (kann auch bis zu 8 m betragen) exakt bei entsprechender Längsbiegung des Pferdes bis zu dem Punkt des Abwendens reiten. Die Volte wird, sofern nicht eigens das Kommando zum Wiederholen oder zur Doppelvolte gegeben wurde, nur einmal geritten.

AUS DER ECKE KEHRT – Die Wendung aus der ersten Ecke der kurzen Seite heraus in Form einer halben Volte beginnen und in auslaufender Linie zum Hufschlag der langen Seite reiten; zuvor Pferd umstellen, Handwechsel.

EINFACHE SCHLANGENLINIE AN DER LANGEN WAND – Nach dem Durchreiten der ersten Ecke einer langen Seite das Pferd in einem Bogen bis zum Viertel der Bahnbreite (ca. 5 m) reiten. Auf der Höhe des HB-Punktes Pferd umstellen und den Bogen in gleicher Form zu Ende reiten. Beim Wechselpunkt vor der ersten Ecke der

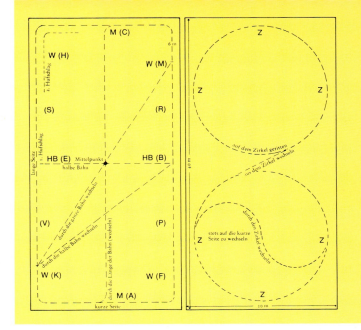

HB = Halbe Bahn   W = Wechselpunkt
M = Mitte der kurzen Seite   Z = Zirkelpunkt (Paradepunkt)
(in Klammern stehen die international gültigen Buchstaben.)

kurzen Seite auf den Hufschlag gelangen; kurz davor Pferd erneut umstellen.

DOPPELTE SCHLANGENLINIE AN DER LANGEN WAND – Beginn der Übung wie bei einfacher Schlangenlinie, dann zwei abgeflachte Bogen (2¹/₂ m) in die Bahn reiten und gleichfalls vor der ersten Ecke der kurzen Seite wieder auf den Hufschlag gelangen, das mehrmalige, saubere Umstellen des Pferdes nicht vergessen.

SCHLANGENLINIEN DURCH DIE BAHN . . . BOGEN – Beginn hinter der ersten Ecke der langen Seite oder in der Mitte der kurzen Wand. Bogen in flacher S-Form zur gegenüberliegenden Wand reiten – in derselben Form zurück und so die angegebene Zahl der Bogen ausführen bei jeweiligem sauberen Umstellen des Pferdes. An der gegenüberliegenden Mitte der kurzen Wand die Schlangenlinie beenden.

Neben den bisher erwähnten Figuren, die zugleich Wendungen in der Bewegung darstellen, z. B. das Reiten aus dem Zirkel, die Volte, Schlangenlinien, Durchreiten der Ecken usw., gibt es noch andere Wendungen im Gang, für die jedoch ein höherer Ausbildungsgrad erforderlich ist. Die Hilfen für Wendungen im Gang sind grundsätzlich immer die gleichen wie bereits erläutert. Vor jeder Wendung muß das Pferd durch eine halbe Parade versammelt werden.

DIE ACHT – Zwei aneinanderliegende Kreise von 8–10 m Durchmesser. Die Figur ist zwischen beiden langen Seiten auszuführen, also parallel zur kurzen, und zwar in der gleichen Weise wie das Wechseln aus dem Zirkel.

VERKLEINERN UND VERGRÖSSERN DES ZIRKELS – Ausführung meist im Trab. Zum Verkleinern des Kreisbogens das Pferd seitwärts-vorwärts hereinführen, Tempo durch halbe Paraden etwas mäßigen, Gewichtsverlagerung nach innen, innerer Zügel führt, der äußere Schenkel treibt vorwärts. Beim Vergrößern soll das Tempo leicht verstärkt werden. Der äußere Zügel führt, der innere Schenkel treibt seitwärts, bis das Pferd auf den Zirkel zurückgeführt ist.

KURZKEHRTWENDUNG – Diese Wendung – sie wird nur in versammelten Gängen ausgeführt – ist auf engem Raum möglich. Es ist die kleinste Wendung, die ein Pferd ausführen kann und zugleich die schnellste Art des Handwechsels. Das Pferd wird auf der Hinterhand gewendet; die Vorhand wird um den inneren Hinterfuß herumgehoben. Der Hinterfuß darf dabei nicht zurücktreten. Bei Ausführung im Galopp wird die Kurzkehrtwendung als »Halbe Pirouette« bezeichnet. *WENDUNGEN IM HALTEN* können auf der Vorhand oder der Hinterhand ausgeführt werden. Bei der *VORHANDWENDUNG* soll die Hinterhand des Pferdes im Halbkreis um die Vorhand herumtreten, wobei der innere Vorderfuß den Drehpunkt bildet. Der Reiter stellt sein Pferd nach innen, nach der Seite, nach der es wenden soll. Er verlagert sein Gewicht leicht nach innen, verkürzt ein wenig den inneren Zügel, gibt am äußeren eine halbe Parade. Der innere Schenkel treibt knapp hinter dem Gurt liegend seitwärts. Äußerer Schenkel und äußerer Zügel wirken verwahrend. Das Pferd darf nicht herumeilen, sondern soll sich Schritt für Schritt um die Vorhand bewegen. Die Vorderfüße treten dabei auf der Stelle und dürfen keinesfalls vortreten. Die Hinterfüße müssen sauber seitwärts treten, und zwar der innere vor und über den äußeren. Am Ende der Übung steht das Pferd gerade und auf vier Beinen in der entgegengesetzten Richtung zur Ausgangsposition. *DIE WENDUNG AUF DER HINTERHAND* (im Gange ausgeführt ist es die Kurzkehrtwendung) wird mit der richtungsentsprechenden Stellung geritten, also linksum-linksgestellt, rechtsum-rechtsgestellt. Das Pferd soll sich um den inneren Hinterfuß drehen, der dabei aber nicht in der Drehbewegung stehenbleiben soll; die Hinterfüße treten auf der Stelle. Die Vorderfüße bewegen sich seitwärts übertretend um die Hinterhand herum. Das Pferd wird durch eine halbe Parade vorbe-

reitet. Es ist mit Hilfe des inneren Zügels und Schenkels in Richtung der Wendung gestellt. Das Gewicht des Reiters wird leicht nach innen verlagert. Der innere Schenkel treibt und soll zugleich ein Rückwärtstreten verhindern, während der äußere Schenkel verwahrend wirkt und ein Ausfallen der äußeren Hinterfüße verhindert. So wird die Vorhand mit gleichmäßig anstehenden Zügeln Tritt für Tritt im Bogen um die im gleichen Rhythmus auf der Stelle tretenden Hinterfüße geführt.

DAS SCHENKELWEICHEN ist eine Bewegung auf zwei Hufschlägen. Meist wird diese Übung an der langen Seite der Bahn ausgeführt, anfänglich im Schritt, später auch im verkürzten Arbeitstrab. Die Ecken werden beim Schenkelweichen nicht durchritten. Das Pferd wird, in seiner gesamten Länge gerade mit nur geringer Innenstellung des Kopfes, in einem Winkel von 45° zur Wand gestellt, mit der Vorhand zur Bande und mit den Hinterfüßen auf dem zweiten, dem inneren Hufschlag (oder umgekehrt). Das Pferd soll sich mit gleichmäßigen Tritten vorwärts-seitwärts bewegen, indem die inneren Füße über die äußeren treten. Die Übung wird mit einer halben Parade eingeleitet. Leichte Gewichtsverlagerung nach innen, der innere Schenkel liegt hinter dem Gurt und drückt die Hinterhand Tritt für Tritt seitwärts. Der äußere Schenkel wirkt verwahrend und verhindert ein Ausfallen der Hinterhand. Die Zügel stehen leicht an; der innere wahrt die Kopfstellung, der äußere führt das Pferd taktmäßig in Vorwärts-Seitwärts-Richtung und verwahrt die äußere Schulter. Am Ende dieser Lektion muß das Pferd geradegerichtet werden, um sich dann wieder auf dem äußeren Hufschlag vorwärts zu bewegen.

Bei der Übung *VIERECK VERKLEINERN UND VERGRÖSSERN* werden die gleichen Hilfen wie beim Schenkelweichen gegeben. Sie wird im Schritt oder im gemäßigten Arbeitstrab ausgeführt. Das Pferd wird am ersten Wechselpunkt einer langen Seite umgestellt (der äußere Schenkel wird zum inneren) und vorwärts, leicht seitwärts bis möglichst zur Mitte der Bahn auf die Höhe des HB-Punktes geführt. Hier wird es geradegerichtet, drei Schritte geradeaus geritten, um dann, erneut umgestellt, wieder vorwärts – leicht seitwärts zum nächsten Wechselpunkt und auf den Hufschlag geführt zu werden.

DAS RÜCKWÄRTSRICHTEN soll den Gehorsam des Pferdes fördern und wird mitunter auch ausgeführt, wenn das Pferd wegen Widersetzlichkeiten zu strafen ist, oder um es wieder in Gleichgewicht zu setzen, wenn es sich zu stark auf die Vorhand legt. Außerdem erhöht es die *Durchlässigkeit*, d. h. die Bereitschaft des Pferdes, Zügelhilfen durch seinen Körper hindurchzulassen, so daß sie wirksam werden, z. B. die Einwirkung des annehmenden Zügels durch den Pferdekörper auf das gleichseitige Hinterbein. Die Hilfe wird vom Maul über Genick, Hals und Rücken zur Hinterhand »durchgelassen«. Durchlässigkeit bedingt also, daß sich das Pferd nicht gegen die Reiterhand versteift. Sie ist daher unerläßliche Voraussetzung für dressurmäßiges Reiten. Beim Rückwärtsrichten soll das Pferd ruhig, gehorsam und ohne zu stocken auf gerader Linie zurücktreten, wobei ein diagonales Beinpaar gleichmäßig dem anderen folgt. Das Pferd darf nicht hinter den Zügel kriechen oder von selbst zurückkeilen, was durch Ziehen und Zerren am Zügel sowie durch falsche Schenkelhilfen leicht geschehen kann. Das Rückwärtsrichten soll behutsam vorgenommen werden. Die Anzahl der auszuführenden Schritte muß natürlich vorher festgelegt sein. Der junge Reiter beginnt mit ein bis zwei Schritten, später maximal sechs und als Strafe acht bis zehn Schritte. Vor der Übung muß das Pferd geradegerichtet sein und auf seinen vier gleichmäßig belasteten Beinen stehen. Die Hilfen sind zunächst die gleichen wie beim Anreiten zum Schritt: angespanntes Kreuz, leichter Schenkeldruck, mäßiges Nachgeben der Zügel. Dann wird das Pferd durch beidseitige kurze Zügelanzüge zu gleichmäßigem Rückwärtstreten veranlaßt, wobei die Schenkel verwahrend an oder knapp hinter dem Gurt liegen. Versucht das Pferd auszuweichen, so legt der Reiter seinen Schenkel an der betreffenden Seite fester an, wodurch es wieder auf die gerade Linie gebracht wird. Ist die Übung ausgeführt, so gehen die Hände leicht vor, Schenkel und Kreuz geben die Hilfen für diejenige Gangart, die dann vorgesehen ist, oder zum Halten, wobei auf gute Balance des Pferdes und, wie zu Beginn der Lektion, auf gleichmäßige Belastung der Beine zu achten ist.

Die Ausführung der einzelnen Hufschlagfiguren (Übungen) in den verschiedenen Gangarten und Tempi – also das dressurmäßige Reiten – hat die Erlangung der Harmonie zwischen Reiter und Pferd zum Ziel. Das erfordert Gehorsam und Gymnastizierung beim Pferd, und beim Reiter die Fähigkeit, sein Pferd auf die feinsten Hilfen ansprechen zu lassen. Dies ist zu erreichen, wenn die logisch geordneten Zusammenhänge der Dressurarbeiten eingehalten und die Übungen jedes einzelnen Abschnittes beherrscht werden. Im Ausbildungsgang der Dressur stehen sechs Hauptforderungen, die in dieser Reihenfolge erfüllt werden müssen: Takt – Losgelassenheit – Anlehnung – Schwung – Geraderichtung – Versammlung.

Der Takt – Rhythmus des Ganges – ist das Gleichmaß der Bewegungen des Pferdes in den drei Gangarten und allen Tempi.

Losgelassenheit bedeutet das vollkommene Gelöstsein des Pferdes. Dies wird erreicht durch Entspannung der gesamten Muskulatur und Lockerung der Gliedmaßen. Das Ergebnis sind freie, natürliche Bewegungen in Gleichgewicht, Schwung und Takt. Losgelassenheit und Takt stehen in enger Verbindung.

Anlehnung ist die schon mehrfach erwähnte Verbindung zwischen der Hand des Reiters und dem Pferdemaul durch Gebiß und Zügel. Der Schwung der Bewegungen stellt sich bei einem temperamentvollen Pferd natürlich leichter ein, als bei einem trägen, aber er ist in jedem Falle – zumal als Vorstufe zur Versammlung – unerläßlich.

Weltmeister J. Neckermann auf Mariano

Aus der Elastizität des Pferderückens erwächst der Schwung, der sich in der Schubkraft der Hinterhand fortsetzt, so daß die Hinterbeine kraftvoll abfußen. Wesentlich ist dabei die Beibehaltung des Taktes. Der Schwung zeichnet das von einem guten Reiter gerittene Pferd aus.

Geraderichten ist eine immer wiederkehrende Forderung an den Reiter und an das Pferd. Eine gerade verlaufende Körperhaltung des Pferdes ist die Basis für Gehorsam und Durchlässigkeit. Beim Geraderichten müssen Takt, Schwung, Losgelassenheit und Anlehnung beibehalten werden.

Die Versammlung baut sich, wie bereits erläutert, auf die vorausgegangenen Ausbildungsziele auf. Das Pferd gewinnt durch die Versammlung eine erhabene Haltung; es »richtet sich auf«. Wir unterscheiden die »relative« und die »absolute« Aufrichtung. Die bei der Versammlung erwirkte relative Aufrichtung bezeichnet das Verhältnis (Relation) der Aufrichtung zur Hinterhand. Die absolute Aufrichtung, die durch wiederholt gegebene Paraden zustande kommt, ist eine erzwungene Aufrichtung; sie hat Versteifung der Rückenmuskulatur des Pferdes und manchmal unsauberen Galopp zur Folge.

Springen

Ein Teil der Grundausbildung des Reitens ist das Erlernen des Springens über Hindernisse. Die Bodenrickarbeit wird vielfach als Vorstufe dazu angesehen, was aber aus zwei Gründen nicht zutreffend ist: Erstens führt das Pferd bei dieser Übung keine Sprünge, sondern taktmäßige Tritte aus, d. h. es bewegt sich weiter in seiner Gangart (Schritt oder Trab), jedoch mit höheren Tritten. Zweitens ist der Sinn der Bodenrickarbeit nicht das Überwinden von Hindernissen, sondern die Erlangung der Losgelassenheit von Pferd und Reiter. Außerdem soll es die Aufmerksamkeit des Pferdes auf Bodenunebenheiten steigern. Allerdings gewinnt der Reitschüler bei dieser Arbeit einen ersten Eindruck von den heftigeren Bewegungen des Pferdes beim Überwinden einer Barriere, also eines Hindernisses. Das Bodenrick – es wird nach seinem Erfinder auch »Cavaletti« genannt – ist eine etwa 2 m lange, möglichst schwere Holzstange, deren Enden von X-förmigen Stützen begrenzt werden. Diese Barriere kann je nach ihrer Aufstellung eine Höhe von 10, 20 oder 30 cm haben. Für die Bodenrickarbeit sollten 20 cm allerdings das Höchstmaß sein. Die Arbeit beginnt mit dem Übertreten einzelner in der Bahn verteilter Ricks; dann werden zwei, drei oder maximal vier Cavalettis hintereinander aufgestellt. Der Abstand der Stangen voneinander beträgt 80 cm bei der Arbeit im Schritt und 1,40 m im Trab. Der Reiter muß sich bei dieser Übung elastisch in die Bewegung des schwingenden Pferderückens einfühlen, »hineinneigen«, um einen leichten, geschmeidigen Sitz zu gewinnen. Die Hände – sie stehen etwas steiler – geben weich nach, die Knie liegen fest an. Der nur leicht vorgeneigte Oberkörper entlastet den Pferderücken. Bei sauberer Ausführung dieser Übung tritt das Pferd gelöst, mit vorwärts-abwärts gestrecktem Hals und Kopf taktmäßig und schwungvoll, ohne anzuschlagen, über die Ricks. (Das Anschlagen ist sehr schädlich, darum sollte man ältere Pferde, die eventuell dazu neigen, damit verschonen.) Hat der Reiter bei der Cavalettiarbeit durch leichte Gewichtsverlagerung den Pferderücken entlastet, so muß er dies bei allen Springübungen in verstärktem Maße tun. Das gleiche gilt für den Jagdgalopp und das Reiten im Gelände. Um bei Entlastung des Pferderückens gleichzeitig absolut sicher zu sitzen, wurde der leichte Sitz (Caprilli) oder Springsitz entwickelt.

Der SPRINGSITZ unterscheidet sich vom Dressursitz vor allem durch die verschiedenartige Gewichtsbelastung. Drei Dinge bleiben grundsätzlich unverändert: die in sich gerade, d. h. nicht abgeknickte oder schiefe Haltung des Oberkörpers, der feste Knieschluß und der tiefe Absatz. Die Beherrschung des Dressursitzes ist Voraussetzung für den leichten Sitz. Beim Springsitz werden die Bügelriemen um zwei bis drei Loch kürzer geschnallt; so nur kann der Bügel dem Fuß eine feste Stütze bieten. Die Unterschenkel, die stets ruhig bleiben sollen, liegen fest mit flacher Wade an. Der Oberkörper ist leicht vorgeneigt, das Gesäß berührt den Sattel ohne einzusitzen und wird beim Sprung selbst zur weiteren Entlastung des Pferderückens etwas angehoben. Dabei darf der Sitz nicht verlorengehen – also fester Knieschluß, geschmeidige Hüfte, Knie und Oberschenkel halten federnd das Körpergewicht, während sich die Füße im Bügel abstützen. Die Hände stehen unterhalb des Mähnenkammes am Pferdehals. Zu vermeiden ist ein übermäßiges Vorneigen des Oberkörpers (wodurch das Gleichgewicht verlorengeht) sowie Verkrampfung oder Hochziehen der Schultern und starre Haltung der Fäuste (Festhalten am Zügel). Gelöstheit ist auch für die Beherrschung des leichten Sitzes erforderlich.

Die SPRINGAUSBILDUNG soll bedachtsam und stufenweise vorgenommen werden. Wie bei allen reiterlichen Übungen gilt daher der Grundsatz: vom Leichten zum Schweren. Es ist ratsam, und der verantwortungsbewußte Reitlehrer wird dafür Sorge tragen, daß der Reiter seine ersten Springübungen auf einem ruhigen und springerfahrenen Pferde ausführt. Dem gut ausgebildeten Pferd kann der Anfänger den Sprung, das Überwinden des Hindernisses, überlassen, um sich zunächst auf seinen Sitz und das Einfühlen in die ihm neuartige Springbewegung zu konzentrieren. Voraussetzung für die ersten Springübungen ist wie stets das Vertrauen zum Pferd und die eigene Sicherheit. Ängstlichkeit oder Verkrampfung des Reiters teilen sich dem Pferd mit und behindern seine Leistung. Beim Springen wie beim Reiten überhaupt nützt Können nichts ohne ein Quentchen Mut, und Mut nützt nichts ohne Können.

Die ersten Sprünge werden über Hindernisse von 50–80 cm Höhe vorgenommen und sollten ausgiebig geübt werden. Das Springen über niedrige Hindernisse – hauptsächlich im Trab ausgeführt – fördert den Sitz des Reiters, stärkt das Gefühl der Sicherheit und ist zugleich eine hervorragende Gymnastizierung des Pferdes. Es ist dabei auf ein ruhiges, rhythmisches Reiten zu achten, wodurch heftiges Anstürmen auf das Hindernis vermieden wird.

Ein Sprung besteht aus fünf Phasen: Anreiten – Absprung – Schweben – Landen – Auslauf.

Vor dem Sprung konzentriert sich der Reiter auf sein Pferd, auf das Hindernis und auf seine eigene Haltung; dann nähert er sich dem Hindernis in ruhigem, taktmäßigem Galopp. Es wird gerade und von der Mitte her angeritten; drei bis vier Pferdelängen vor dem Hindernis vermehrt treiben. Durch das feste Anlegen der Schenkel wird ein Ausbrechen des Pferdes verhindert.

Fänge – das sind schräg nach außen aufgestellte Begrenzungen des Hindernisses – sowie eine am Boden liegende Absprungstange sind eine »Sprungeinladung« bzw. eine Taxiererleichterung für das Pferd. Beim Absprung – etwa 1 1/2 m vor dem Hindernis – geht die Hand des Reiters in Richtung auf das Pferdemaul vor. Das ruhige, weiche Nachgeben der Hände ermöglicht dem Pferd die Streckung, die für den Sprung unerläßlich ist. Hals und Kopf sind die »Balan-

cierstange« des Pferdes beim Sprung. Nur mit langem, d. h. mit vor-
wärts-abwärts gedehntem Hals kann es sicher und elegant über das
Hindernis gelangen. Daher darf sich der Reiter auch niemals am
Zügel festhalten, durch zerrende, verkrampfte oder »wegfliegende«
Hände das Pferd im Maule stören. Er muß darauf achten, daß die Anlehnung während des gesamten Sprungablaufs erhalten bleibt. Der
Oberkörper des Reiters soll, aus der Hüfte vorgeneigt, mit der
Sprungbewegung mitgehen, und zwar vom Oberschenkel und fest
geschlossenem Knie federnd gehalten. Die Entlastung der Hinterhand ermöglicht dem Pferd einen kraftvollen Absprung. Das weiche
Abfangen des Reitergewichts mit dem Knie erleichtert dem Pferd
das Landen. Das Pferd landet mit seinem und des Reiters Gewicht
im Schwung des vollbrachten Sprunges als erstes nur auf seinen
Vorderbeinen. Ein stoßartiges Einsitzen beim Aufkom-
men seines Pferdes ist daher eine störende Belastung des Pferderückens und der Gelenke. In ruhigem Galopp wird das Pferd nach
dem Landen eingefangen, wobei sich der Oberkörper des Reiters
entsprechend aufrichtet und die Hände ihre Position unterhalb des
Widerristes einnehmen. Bei den Springübungen ist besonders
wichtig – und jeder Reitlehrer wird darauf bedacht sein –, daß Pferd
und Reiter nicht überfordert werden. Ein häufiger Wechsel in Art
und Höhe der Hindernisse sowie eine dem Ausbildungsgrad entsprechende Begrenzung der Übungsdauer bringt Erleichterung in
der Arbeit. Sie soll ja Freude machen, denn das ist Voraussetzung
für den erstrebten Erfolg.
Zwei Feinde hat der Reiter beim Vorwärtskommen in seiner Ausbildung: Ängstlichkeit und Verbissenheit. Wenn er die Ängstlichkeit in
Umsicht und die Verbissenheit in beherzte Entschlossenheit um-
setzt, dann wird er sein Ziel erreichen.
Natürlich gibt es beim Springen auch Schwierigkeiten. Allerdings
liegt die Ursache des Fehlers fast immer beim Reiter. So ist z. B. das
Gelingen des Sprunges gefährdet, wenn er sein Pferd unvorberei-
tet, also ohne Durchlässigkeit, auf das Hindernis zureitet. Seine Hilfen bleiben ohne Wirkung, das Pferd wird nicht kraftvoll abfußen,
den Rücken nicht hergeben und es kann sich nicht strecken, fliegen
lassen. Der Sprung wird hölzern, verkrampft. Ein weiterer Fehler ist
die falsche Neigung des Oberkörpers, mangelnde Übereinstimmung des Gleichgewichts. Geht der Reiter nicht mit der Bewegung
des Pferdes mit, bleibt er hinter der Bewegung, so wird der Rücken
nicht entlastet, die Hand kann nicht für die Streckung ausreichende
Freiheit geben (rückwärtswirkende Hände), und das Pferd wird im
Sprung behindert. Vor der Bewegung befindet sich der Reiter bei zu
weit nach vorne ragendem Oberkörper. Er verliert dadurch Sitz und
Anlehnung. Das Gelingen des Sprunges ist dann Glückssache. Aber
gerade das soll es nicht sein, wenn das Glück auch oftmals mit zum
Gelingen des Sprunges gehört. Die Grundlage ist und bleibt eine
gute Beherrschung des Springsitzes und Geschmeidigkeit.

Der Ungehorsam eines Pferdes vor dem Hindernis, das Stehenbleiben oder Ausbrechen sind ebenfalls in den meisten Fällen auf Fehler des Reiters zurückzuführen: falsche oder mangelnde Hilfen, wie durchhängende oder zu stark annehmende Zügel, zu weites Vorneigen und zu schwache Schenkelhilfen. Spürt der Reiter die Neigung des Pferdes, nach einer Seite hin auszubrechen, so muß er es nach dieser – und nicht nach der entgegengesetzten – Seite stellen und energisch mit dem inneren Schenkel treiben. Stürmt das Pferd am Hindernis vorbei oder bricht vor dem Hindernis aus, muß der Reiter durchparieren, in der entgegengesetzten Richtung abwenden, um dann ruhig, gerade und von der Mitte her das Hindernis erneut anzureiten. Meist ist es ratsam, dabei mit der Stimme beruhigend auf das Pferd einzuwirken. Erweist sich ein Pferd als widersetzlich, ist es ohne erkennbaren Grund ungehorsam, muß der Reiter durch Rückwärtsrichten korrigieren, um dann den Sprung abermals anzureiten. In jedem Fall soll ein verweigerter Sprung wiederholt und das Hindernis überwunden werden – wenn nötig mit verringerter Höhe. Dieser Wiederholungssprung wird Gehorsamssprung genannt.

Das Springen gehört – es sei noch einmal gesagt – zur Grundausbildung jedes Reiters, denn nur mit der Gesamtheit reiterlicher Grundkenntnisse kann er sich sicher im Gelände bewegen.

Reiten im Gelände

Das Reiten im Gelände ist vielseitig und immer wieder lehrreich; den jungen Reiter fördert es in besonderem Maße, festigt seinen Sitz und bringt ihn wie »von selbst« zur Losgelassenheit. Alles was er in der Reitbahn geübt hat, und was er an Theorie erlernte, findet im Gelände seine natürliche gegebene Anwendung.

Das Geländereiten ist ein Ziel der Dressur. Beides gehört daher zusammen, soll sich ergänzen. So ist es auch ratsam, daß der junge Reiter frühzeitig, d. h. schon nach einigen Unterrichtsstunden, mit dem Ausreiten beginnt, zunächst in der Gruppe, denn das Einzelreiten im Gelände erfordert absolute Sicherheit. Die Gruppe wird meist vom Reitlehrer oder einem erfahrenen Reiter begleitet. Der Abstand der Pferde, gleich ob einzeln hintereinander oder zu zweit nebeneinander geritten wird, sollte mindestens zwei Pferdelängen betragen. Allerdings darf sich die Gruppe nicht endlos auseinanderziehen. Es muß im Verband bleiben, denn Gangart und Tempi sollen von allen Reitern gleichmäßig geritten und jeder Wechsel soll gleichzeitig vorgenommen werden. Auch ist es wichtig, daß Kommandos oder Zeichen des anführenden Reiters noch dem Letzten der Gruppe verständlich sind.

Das Verhalten eines Pferdes im Gelände unterscheidet sich sehr oft von dem in der Bahn. Ruhige, träge Reitschulpferde können im Gelände äußerst lebhaft sein, und umgekehrt läßt sich manches Pferd, das in der Bahn unruhig und nervös erscheint, draußen besonders sicher reiten. Der junge Reiter muß an diesen Umstand denken und auch daran, daß sein Pferd im Gelände ganz anderen Eindrücken und nicht selten Schrecknissen ausgesetzt ist als in der ihm vertrauten Bahn. Es ängstigt sich vor plötzlichen unvermuteten Bewegungen, Geräuschen und unbekannten Gegenständen. Es sieht Gefahren in Dingen, die uns selbstverständlich sind, wird unsicher und scheut. Oft kann der Reiter die möglichen »Schrecknisse« rechtzeitig erkennen, voraussehen und sein Pferd durch halbe Paraden, fest angelegte Schenkel und die beruhigende Stimme warnen und dadurch ein Scheuen verhindern. Vertraut ihm das Pferd und überwindet seine Angst, so soll er es loben: mit der rechten Hand auf der linken Halsseite streichelnd klopfen. Junge Pferde scheuen natürlich häufiger als ältere, bereits erfahrene; aber Temperament und Veranlagung spielen hierbei ebenfalls eine Rolle.

Wenn das Pferd unerwartet scheut, so stellt es der Reiter nach der Gegenseite des »Schrecknisses«, treibt mit beiden Schenkeln (innerer treibt vermehrt) energisch vorwärts und beruhigt es durch seine Stimme sowie dadurch, daß er selber Ruhe bewahrt. Bei solchen Gelegenheiten beweist sich auch die Festigkeit seines Sitzes. Wenn möglich sollte der Reiter sein Pferd mit dem Objekt, vor dem es sich ängstigte, vertraut machen, indem er nochmals daran vorbeireitet. Vieles ist beim Ausreiten zu beachten, vor allem die Schonung des Pferdes und die Sicherheit. Sattel und Zaumzeug sowie der Hufbeschlag müssen in Ordnung sein.

Der Ritt beginnt im Schritt am langen Zügel (Anlehnung bleibt bestehen). Das Pferd soll sich lösen, langmachen, aus der Stallsteifheit zu freien, fleißigen Bewegungen kommen. Die Gangart soll häufig gewechselt werden, damit alle Muskeln des Pferdes gleichmäßig beansprucht sind und es nicht ermüdet. Ein fleißiger, raumgreifender Schritt (etwa Mittelschritt, im Gelände niemals versammelter Schritt) wechselt mit Trab (Tempo entspricht dem Arbeitstrab, kein versammelter, Mittel- oder starker Trab). Es wird immer leicht getrabt und häufig der Fuß gewechselt. Wenn das Gelände geeignet ist, kann ein Galopp (leichter Sitz) eingelegt werden, wobei alle Tempi möglich sind. Ein frischer Galopp ist für Reiter und Pferd eine Belohnung. Dem Galopp folgt wieder Schritt am langen Zügel. Die eingelegten Schrittstrecken zwischen den beiden anderen Gangarten begünstigen die Frische, Ausdauer und Gehfreudigkeit des Pferdes. Eine Grundregel lautet: Galopp und Trab nur auf weichem Boden. Auf sehr harten Wegen, Schotterwegen und Straßen mit fester Decke darf nur im Schritt geritten werden. Als feste Regel gilt auch, daß die letzte Strecke im Schritt zurückgelegt wird, damit das Pferd ruhig und vor allem trocken zum Stall kommt. Sollte es auf Grund der Witterung feucht oder naß sein, so muß es trockengerieben bzw. -geführt werden.

Zum Reiten im Gelände gehört auch das Überwinden von Hindernissen und Unebenheiten: steile Abhänge, Bergstrecken, breite Gräben, Wasserläufe, Baumstämme und vieles andere mehr. Der Reiter soll sich bei allen Schwierigkeiten und Gegebenheiten des Geländes sicher fühlen. Das erfordert Übung und die daraus erwachsende Erfahrung. Wie stets ist auch hierbei mit dem Leichten zu beginnen. Kleine Baumstämme werden in ruhigem taktmäßigen Trab (Pferd mit gedehntem Hals und gelöstem Rücken) wie bei der Cavalettiarbeit übertreten. Flache Gräben, Bäche oder ein dicker Baumstamm eignen sich für Springübungen. Schließlich können schwierigere Hindernisse gesprungen werden: Holzstöße, Hecken, Bänke, Wassergräben und Wälle.

Beim *KLETTERN,* d. h. beim Bergauf- und Bergabreiten, soll der junge Reiter daran denken, daß für sein Pferd Unebenheiten grundsätzlich keine Schwierigkeit darstellen, sondern daß es sie mit sicherem Instinkt erfaßt und im natürlichen Gleichgewicht überwindet. Unter dem Reiter ist das Klettern für ein Pferd bedeutend anstrengender; daher darf der Reiter es nicht durch schlechten Sitz oder falsche Zügelführung in den Bewegungen stören. Er muß vor allem seinen Schwerpunkt in Übereinstimmung mit dem des Pferdes halten. Auch das Üben des Kletterns soll mit dem Einfachen beginnen, um dann gesteigert zu werden. Böschungen, trockene Gräben oder Hügel werden im Schritt senkrecht herauf- und heruntergeklettert. Es ist beim Klettern stets – vom Ausbildungsgrad des Pferdes abgesehen – auch auf Art und Beschaffenheit des Bodens zu achten: Erde, Sand, Geröll, Fels – feucht oder trocken, haftend oder rutschig. Bei sehr geringer Steigung bzw. Gefälle (etwa 20–25 Grad) und bei geeignetem Boden kann in jeder der drei Gangarten hinauf- und auch hinabgeklettert werden. Steilere Strecken sollten bergab im Schritt und bergauf im vom Pferd bevorzugten Galopp oder aber auch im Schritt überwunden werden. In diesem Fall ist der Galopp die für das Pferd bequemere Gangart. Steilhänge mit etwa 45 Grad Neigung kann das Pferd bergauf überhaupt nur im Galopp bezwingen, bergab dagegen nur im Schritt, wobei es sich schließlich auf die angewinkelten Hinterbeine niederläßt und hinabrutscht. Der Reiter muß beim Klettern immer bemüht sein, das Pferd weitgehend zu entlasten. Der Oberkörper wird – auch beim Bergreiten! – nach vorn geneigt. Je steiler der Hang, um so stärker die Vorwärtsneigung. Die Hände gehen leicht vor, um dem Pferd die Streckung zu ermöglichen. Beim Bergabklettern stützen sich die Hände am Widerrist auf, um ein Vorrutschen des Reiters zu verhindern. Anlehnung bleibt bestehen, fester Knieschluß, die Unterschenkel liegen flach an, um das gefährliche seitliche Ausweichen des Pferdes zu verhindern. Ob Hügel oder Steilhang, ob bergauf oder bergab – es muß immer senkrecht geritten werden. Bei schräg-seitlichem Klettern besteht die Gefahr, daß das Pferd abrutscht oder stürzt.

Schließlich soll der Reiter nach dem Überwinden einer Kletterstrecke die Sattellage prüfen, wie überhaupt im Gelände auf Sattellage, Festigkeit des Gurtes, guten Sitz der Zäumung und auf die Hufeisen zu achten ist.

Weitere Einzelheiten über das Verhalten des Reiters in Wald und Feld, in Ortschaften und im Verkehr, sowie Einzelheiten über seine Pflichten und die Verantwortung beim Ritt im Gelände, werden im Kapitel »Freizeitreiterei« erläutert.

Junge Reiter, die sich im Gelände, auch unter schwierigen Bedingungen und bei unterschiedlichen Gegebenheiten, absolut sicher im Sattel fühlen, können daran denken, für Wettbewerbe, Prüfungen, Reitjagden oder Wanderritte zu trainieren. Dem gesteckten Ziel entsprechend muß das Pferd in Kondition gebracht werden. Hierfür ist nicht nur eine gute Kenntnis des Geländes erforderlich, sondern vor allem die richtige Einschätzung der Anlagen und Fähigkeiten des Pferdes. So allein ist eine Überforderung seiner Ausdauer, Schnelligkeit und des Springvermögens zu verhindern. Beim Training im Gelände sollte dem Pferd bei jeder Leistung noch eine gute Reserve seines Vermögens belassen werden.

Auch beim Bergabreiten muß die Hinterhand entlastet werden

Reiterabzeichen und Reiterpaß

Eine Prüfung ist für viele Menschen der beste Abschluß einer Lehrstufe. Der Leistungsbeweis, den sie erbringen wollen, spornt Fleiß und Eifer an, erfordert Gründlichkeit und setzt ein Ziel. So hat auch der Erwerb des Reiterabzeichens einen weiteren Sinn als nur den der Bestätigung von Können und Wissen.

Die gute Vorbereitung auf alle gestellten Anforderungen ist selbstverständlich; hierbei berät und unterweist der Reitlehrer seine Schüler im einzelnen.

Das Reiterabzeichen wird auf Grund von Sonderprüfungen erworben. Die drei Hauptforderungen sind:
Fertigkeit im dressurmäßigen Reiten
Fertigkeit im Reiten über Hindernisse
Kenntnisse in der Theorie.

Jugendliche vom 12. bis zum 19. Lebensjahr können das Deutsche Jugendreiterabzeichen (DJRA) erwerben, das in Bronze und, bei entsprechend höheren Anforderungen, in Silber verliehen werden kann. Das Deutsche Reiterabzeichen (DRA) kann von Reitern, die älter als 19 Jahre sind, erworben werden. Es wird in drei Klassen verliehen, und – wie auch beim DJRA – dem Besitzer durch eine Urkunde von der Deutschen Reiterlichen Vereinigung (FN) bescheinigt. Es gibt drei Klassen des DRA: in Bronze Klasse III, in Silber Klasse II und in Gold Klasse I. Das goldene Reiterabzeichen setzt höchstes reiterliches Können voraus und kann nur auf Grund von Erfolgen in Prüfungen der Kategorie A bei Pferdeleistungsschauen erworben werden.

Die einzelnen Prüfungsaufgaben sind von der Deutschen Reiterlichen Vereinigung festgelegt.

Eine Neuerung für den deutschen Reitsport – und hierbei ist besonders an die Freizeitreiterei gedacht – ist die Schaffung des Reiterpasses. Er kann von jedem Reiter unabhängig von seinem Alter erworben werden. Er ist aber nicht obligatorisch, wie etwa der Führerschein, seine Gültigkeit ist unbefristet. Er kann jedoch entzogen werden, wenn der Inhaber sich unreiterlich verhalten hat. Der Ausstellung des Passes geht eine kurze Unterweisung in Form eines Lehrganges mit abschließender Prüfung voraus. Sie ist Aufgabe der Landesreiterverbände bzw. der Reit- und Fahrvereine.

Gefordert werden Grundkenntnisse und Fertigkeiten in Beschreibung, Beurteilung, Haltung und Pflege von Pferden; Trensen und Satteln, das Reiten in den drei Grundgangarten, einzeln und in der Gruppe; Kenntnisse über Sicherheit von Reiter und Pferd, die wichtigsten Ausrüstungsbestandteile, über die Richtlinien für reiterliches Verhalten in Wald und Feld; Grundkenntnisse über das Tierschutzgesetz, die Straßenverkehrsordnung. Außerdem einige naturkundliche Kenntnisse: Land- und forstwirtschaftliche Kulturpflanzen, Giftpflanzen und schließlich die Jagdgewohnheiten.

Bei dem praktischen Teil der Sonderprüfung wird vom Reiter folgendes gefordert:

Das Zusammensetzen und Verpassen der Trense, korrektes Zäumen und Satteln sowie das Bandagieren eines Pferdes.

Vorreiten eines beliebigen Pferdes in den Grundgangarten nach Weisung der Richter und zwar einzeln und in der Abteilung; jedoch nicht innerhalb der Bahn (Zäumung nach eigener Wahl).

Bewertet werden, besonders mit Hinblick auf die Einwirkungen des Reiters, Schritt, Trab und Galopp im Arbeitstempo; Leichttraben; die Übergänge von einer Gangart in die andere. Halten aus dem Schritt und Trab; Kehrtwendungen und Volten; Reiten über am Boden liegende Baumstämme.

Außerdem kann das Vorspringen eines beliebigen Pferdes über Hindernisse im Gelände (Höchstabmessung 80 cm) auf Wunsch des Reiters ausgeführt werden. Im Reiterpaß wird dies gesondert vermerkt.

Wer im Besitz des Deutschen Jugendreiter- oder des Reiterabzeichens ist, erhält auf Verlangen den Reiterpaß ohne Ablegung der Sonderprüfung.

Mit dem Erwerb des Passes (und als äußeres Kennzeichen einer Ansteaknadel) erlangt der Reiter den Nachweis, daß er ein Pferd sicher, verantwortlich und verkehrsgerecht auf Straßen, in Ortschaften und im Gelände zu reiten versteht.

Diese Legitimation kann bei auftauchenden Fragen oder Auseinandersetzungen zwischen dem Reiter und Landwirten, Forstbeamten oder Jagdpächtern hilfreich sein.

Jagdreiten

Wenn das Reiten hinter jagdbarem Wild in früheren Zeiten eine – oftmals harte – Notwendigkeit war, so ist es gewiß auch damals mit Freude und Leidenschaft betrieben worden. Über Jahrhunderte hin waren die Jagden zu Pferd ein vornehmes Vergnügen, reiterliche und gesellschaftliche Höhepunkte. Diese Wertung und Passion hat Reitjagden, deren eigentlicher Zweck in heutigen Tagen und zumindest in unseren Breiten hinfällig wurde, mit all ihrem Brauchtum lebendig erhalten. Immer mehr Anhänger findet der »Sport in Rot«, obgleich die Durchführung der Jagdritte in unserer geschützten, kultivierten Landschaft nicht immer einfach ist und obgleich die schwierige, kostspielige Haltung einer Meute ebenfalls Probleme mit sich bringt. Glücklicherweise gibt es Vereine und auch passionierte Einzelpersonen, die sich diesen Aufgaben widmen.

Die Jagden, die alljährlich im Spätsommer und Herbst stattfinden, und die auch einen großen Kreis von Zuschauern begeistern, sind wie Wilhelm Müseler es nannte, »eine Feierstunde im Leben des Reiters«. Die Teilnahme an einer Jagd setzt allerdings gewissenhafte Vorbereitung voraus, denn die Anforderungen an Reiter und Pferd und somit auch das Risiko sind höher als bei einem Ausritt oder Geländeritt. Das Tempo ist schneller, die Hindernisse sind zum größten Teil fest, es wird im Rudel geritten, Regeln sind zu beachten und einzuhalten. Wer noch keine Erfahrung im Jagdreiten besitzt, muß also um seiner und seines Pferdes Sicherheit willen und um nicht zur Gefahr für die Mitreitenden zu werden, eine gezielte, d. h. stufenweise aufgebaute Ausbildung vornehmen. Die Grundausbildung ist dabei Voraussetzung: Arbeit an der Longe, ohne Bügel und ohne Zügel über Bodenricks und niedrige Hindernisse. Dressurmäßiges Reiten in der Bahn gehört ebenso zum Training wie schließlich die Übungen im Gelände: Reiten im Rudel, Springen, Jagdgalopp, das Überwinden schwieriger Geländestrecken. Zur Ausbildung gehört auch eine gute Kenntnis der Jagdordnung. Der Reiter muß wissen, wie er sich während der gesamten Jagd einzuordnen und zu verhalten hat, auch bei schwierigen Situationen. Nicht zuletzt sollte er Art, Eigenschaften und die Arbeit der Meute kennen.

Die Ausrüstung des Reiters besteht aus dem schwarzen, für erfahrene Reiter dem roten Rock, weißem Hemd bzw. weißer Bluse, weißem Plastron mit Nadel, weißen Handschuhen, hellen, meist auch weißen Reithosen und schwarzen Stiefeln; zum roten Rock werden Stiefel mit brauner Jagdstulpe getragen. Die schützende, sturzsichere Reitkappe ist bei Jagdritten besonders wichtig: Sie muß sehr fest sitzen oder mit Kinnriemen getragen werden.

Das Jagdpferd soll eine gute Grundausbildung haben und durch Training ausreichend auf den Ritt vorbereitet werden. Mut, Nerv, Energie und Ausdauer, seine ganze Leistungsfähigkeit muß es einsetzen und beweisen. Besonders ruhige, sogar träge und faule Pferde sind grundsätzlich für eine Jagd geeigneter, als heftige, nervöse Pferde. Für die Ausrüstung des Jagdpferdes hat sich der Vielseitigkeitssattel bewährt, als Zäumung die Trense mit hannoverschem oder englischem Reithalfter, Pelham, evtl. auch Kandare. Außer dem langgeschnallten Ringmartingal sollten keine Hilfszügel ver-

wendet werden. Bandagen, auf deren absolut festen Sitz geachtet werden muß, sowie Sprungglocken sind zur Schonung und als Schutz geeignet. Sattel und Zaumzeug müssen einige Tage vor der Jagd auf ihren Zustand geprüft werden, ebenfalls der Hufbeschlag des Pferdes. Schließlich ist noch zu erwähnen, daß Schläger (Pferde, die die Unart haben, auszuschlagen) aus Sicherheitsgründen durch eine rote Schleife am Schweifansatz gekennzeichnet werden.

Es gibt verschiedene Arten der Jagd. Die ursprüngliche Form, die Jagd zu Pferd hinter der Meute auf lebendes Wild – Hirsch, Fuchs, Sauen oder Hasen –, ist in Deutschland seit fast 50 Jahren aufgrund des Jagdgesetzes untersagt, ebenso in Österreich und in der Schweiz. In vielen anderen Ländern, vor allem in England, Irland und Frankreich werden Parforce-Hetzjagden noch veranstaltet. Hierzulande gibt es als einzige Form der Jagd zu Pferd hinter lebendem Wild die sehr selten gewordene Beizjagd, bei der ein abgerichteter Greifvogel – Falke, Habicht oder Sperber – von der behandschuhten Faust des Falkners aus an Hasen, Wildkaninchen, Fasane, Rebhühner oder anderes Federwild geworfen wird. Er streicht dem Jagdziel entgegen, um es zu binden oder zu schlagen. Der Falkner verfolgt die Strecke im Galopp.

An Stelle der Hetzjagd trat bei uns die Schleppjagd, Fuchsjagd oder Schnitzeljagd. Die alten jagdreiterlichen Bräuche blieben durch sie erhalten. Bei dieser Art der Jagd wird die Strecke mit allen Hindernissen – den natürlichen wie zusätzlich aufgebauten – vorher festgelegt. Das Wild wird bei der Schleppjagd durch eine von einem Reiter gelegte Schleppe (Fährte) und bei der Fuchsjagd durch einen Reiter, der eine Lunte, den Fuchsschwanz an der Schulter trägt, ersetzt. Die an der Jagd teilnehmenden Reiter werden in Felder (Gruppen), jeweils von einem Master und zwei Pikören angeführt, eingeteilt. Bei vielen Jagden ist das letzte Feld ein nichtspringendes Feld für weniger routinierte Reiter.

Die Jagdordnung gilt für Schlepp-, Fuchs- und Schnitzeljagd gleichermaßen. Einige Hauptregeln, die der Jagdreiter zu beachten hat, sind: Diszipliniertes Verhalten während des gesamten Rittes; im Jagdfeld den Platz einnehmen, der dem Ausbildungsgrad und Können von Reiter und Pferd entspricht; nicht auf Vordermann – sondern auf Lücke reiten; niemals kreuzen oder schräg springen. Dichtes, behinderndes Vorbeireiten an anderen Teilnehmern und Überholen vor Sprüngen vermeiden. Jagdherr, Master, Feldführer und Piköre dürfen nicht überholt werden. Bei Verweigerung eines Sprunges sofort das Hindernis freigeben und sich am Ende des Feldes wieder anschließen. Ebenfalls bei Stürzen möglichst schnell die Strecke bzw. das Hindernis für die Nachreitenden freigeben. Gestürzten Reitern ist gegebenenfalls Hilfe zu leisten; das Pferd muß eingefangen werden. Die Reiter halten sich stets in Entfernung von den Pikören und der Meute. Von diesen grundsätzlichen Regeln abgesehen, ist es dem Reiter überlassen, wie er im einzelnen reitet, und ob er alle Sprünge ausführt oder Hindernisse ausläßt. Es gibt hier weder Zwang noch Wertung. Über die Geländestrecke von 8 bis 15 km sind 12–15 meist klobige und breite Hindernisse verteilt.

Das bisher Gesagte klingt trocken und verdeutlicht noch nichts von dem ganzen Zauber und der erregenden Atmosphäre einer Jagd und von der Fröhlichkeit des anschließenden Beisammenseins der Teilnehmer. Schon das Bild der herbstlichen Landschaft und die bunte Vielzahl der Reiter und Pferde am Stelldichein versetzt in erwartungsvolle Jagdstimmung. Die Hörner erschallen und geben das Signal zur Begrüßung. Im weiten Halbkreis stehen die Reiter um den Jagdherrn, der die Willkommensworte spricht. Dann ordnen sich alle Teilnehmer in die einzelnen Felder ein, das Signal zum Aufbruch, zur guten Jagd wird geblasen.

Die Schleppjagd wird hinter der Meute, meist Foxhounds oder Beagles, geritten. Die Meute besteht aus mehreren Koppeln, jede Koppel wiederum aus zwei Hunden. Der Huntsman – zur Zeit der Hetzjagd wurde er noch »Hatzmann« genannt – betreut die Meute und sorgt mit zwei Pikören dafür, daß nicht ein einzelner Hund vorschnell die Schleppe aufnimmt, sondern daß die äußerst jagdbegierigen, lebhaften Hunde als geschlossene Meute der Fährte folgen. Der Schlepper – er hat einige Minuten Vorsprung vor der Jagdgesellschaft – legt auf der hindernisreichen Strecke, die etwa den Fluchten eines Hirsches gleichen soll, die Fährte, d. h. eine Geruchsspur. Früher wurde ein Tropfbeutel oder ein mit getränktem Werg gefüllter runder Drahtkorb an langer Schnur nachgeschleppt. Heute ist es üblich, die Flüssigkeit (verdünnte Wildlosung oder ein Anisgemisch) aus einem Kanister träufeln zu lassen, der seitlich am Sattel angebracht ist. Die Schleppe muß von der Meute »ausgearbeitet« werden, nachdem der Hund, der sie als erster aufnahm, dies der Meute durch sein Geläut (Gebell) angezeigt hat. Der Master und zwei Piköre folgen der Meute. Alle Anweisungen gibt der Master (Jagdleiter), der die Jagdgesellschaft führt. Der Jagdherr trägt eine weiß-schwarz-weiße Binde. Auch die anderen Jagdchargen sind durch Binden gekennzeichnet: der stellvertretende Jagdherr schwarz-weiß-schwarz, der Master (Jagdleiter) weiß, Feldpiköre und Feldführer grün.

In sehr frischem Tempo und in möglichst breiter Front geht die Jagd durch Wiesen und Wald, über Stämme und Gräben, Holzstöße, Wasserläufe, über Wälle, Hecken und Gatter. Bei den Zwischenpausen, den Stopps, wird der Sattelgurt gelockert und das Pferd am langen Zügel herumgeführt. Gibt es eine längere Pause mit Imbiß und Trunk, wird das Pferd mit einer Decke zugedeckt. Vor dem Aufsitzen werden noch Sattel, Zaumzeug und die Hufe kontrolliert, und der Ritt geht weiter.

Wo die Jagd zu Ende ist, am Halaliplatz, ziehen die Reiter nach altem Brauch den rechten Handschuh aus und rufen »Halali«. Der Jagdherr verteilt den »Bruch«, einen Eichen- oder Tannenzweig.

Das Signal »Hunderuf« wird geblasen. Die Reiter bilden einen großen Kreis um die Meute, die nun das begehrte, wohlverdiente »Curée« erhält (früher der Aufbruch des Wildes). Es ist Sitte, daß die Reiter zum Zeichen des Dankes an die Hunde ihre Kopfbedeckung abnehmen.

Noch einmal erschallen die Jagdhörner – »Ende der Jagd« und »großes Halali«.

In vielem gleicht der Ablauf der Fuchsjagd dem der Schleppjagd. Eine wesentliche Unterscheidung ergibt sich allerdings daraus, daß die Fuchsjagd ohne Meute geritten wird. Das Wild, den Fuchs, stellt ein Reiter dar, der an seiner linken Schulter den Fuchsschwanz trägt; es muß ein besonders erfahrener, geschickter Reiter sein. Der Master führt das Jagdfeld an, und wieder ist es der freie Galopp über Wiesen und Äcker, durch die herbstlich bunten Wälder, sind es die vielen verschiedenen Sprünge, die dieses Jagen zu Pferd zum beglückenden Erleben und zu einem mutigen Einsatz machen. Darin liegt auch der eigentliche Sinn dieser Jagd; das Erlangen der Trophäe ist nur ihr Abschluß. Er kann heute auf verschiedene Weise durchgeführt werden. Am bekanntesten ist die alte Form: Der Master zieht im Galopp seine Kappe und gibt dadurch das Zeichen »Jagd frei«; damit ist die Jagdeinteilung aufgehoben, die Verfolgung des Fuchses beginnt. Master und Piköre dürfen nun überholt werden. Der Fuchs versucht mit aller reiterlichen Geschicklichkeit, den Verfolgern zu entkommen, bis es einem Reiter gelingt, die Lunte zu ergreifen und von seiner Schulter abzureißen.

Bei einer anderen Form reitet der Fuchs auf gerader, abgesteckter Strecke voran, und in der Art eines Rennens folgen ihm die Reiter, um ihm den Fuchsschwanz abzureißen.

Schließlich kann als Abschluß ein Wettrennen stattfinden, bei welchem dem Sieger die Trophäe zugesprochen wird.

Da das Rennen und Jagen am Schluß des anstrengenden Rittes eine Strapaze für die Pferde sein kann und zudem nicht ungefährlich ist, wird auch vielfach die Lunte vom Fuchs in weitem Bogen zur Erde geworfen, um an dieser Stelle vom schnellsten und behendesten Reiter aufgehoben zu werden.

Am 3. November, dem Tag des Heiligen Hubertus, wird vielerorts die traditionsreiche Hubertusjagd geritten, die den Höhepunkt und zumeist den Abschluß der herbstlichen Jagdritte bildet.

Durchparieren vor einer Straße quer zur Jagdstrecke

Turniersport

Turniere mit ihren Leistungsprüfungen sind von größter Bedeutung für die Entwicklung und das Niveau des gesamten Reitsports wie zur Gewinnung von Erkenntnissen für die Pferdezucht. Es gibt keine bessere Gelegenheit, die Ergebnisse der Zucht in Art und Leistung unter Beweis zu stellen. Die vom Pferd geforderten Höchstleistungen bedingen gleichzeitig die harte Arbeit des Reiters. Für ihn sind die Turniere Ansporn – sie fördern sein Können und sind das Maß seiner Leistung. Schließlich liegt der Wert der Turniere auch darin, daß sie in weiten Kreisen der Bevölkerung Interesse und Verständnis für das Pferd und den Pferdesport wecken.

Alle Leistungsprüfungen unterliegen einer bestimmten, bis ins einzelne festgelegten Ordnung, nach der sich Züchter, Reiter und Fahrer richten müssen. Die Leistungsprüfungsordnung (LPO) ist seit 1945 (davor war es die Turnierordnung, TO) Grundlage für den gesamten Turniersport. Sie wird gegebenenfalls dem Stand neuer Entwicklungen angepaßt bzw. erweitert und von der Deutschen Reiterlichen Vereinigung (FN) in Buchform herausgegeben. Von der Vielzahl der darin enthaltenen Bestimmungen sollen hier nur diejenigen erläutert werden, die sich auf Leistungsprüfungen und Wettbewerbe beziehen, bei denen Pferd und Reiter beurteilt werden: Reiterwettbewerbe, Dressurprüfungen, Springprüfungen, Gelände- und Vielseitigkeitsprüfungen. Im Turniersport gibt es drei verschiedene Abstufungen, die Kategorien A, B und C. Sie bestimmen Art, Bedeutung, Rahmen der Veranstaltung und das Niveau der geforderten Leistung. Diese Einteilung soll zudem eine gewisse Chancengleichheit der Teilnehmer garantieren. Während bisher die Turniere nur in zwei, nämlich in die Kategorien A und B eingeteilt wurden, kam als begrüßenswerte Neuerung – laut LPO vom 1. Januar 76 – die Einrichtung der dritten Kategorie C hinzu. Sie gibt jungen Reitern und Freizeitreitern die Möglichkeit, ihr Können bei Wettbewerben unter Beweis zu stellen – ein neuer Anreiz für Leistung und Disziplin. Hier die kurze Erläuterung der einzelnen Kategorien:

KATEGORIE C – Wettbewerbe von lokaler Bedeutung um Ehrenpreise und Geldpreise von 200 DM. Die Veranstaltung soll möglichst an einem Tag durchgeführt werden. Unter lokalem Wettbewerb sind Veranstaltungen zu verstehen, die am Ort des veranstaltenden Ver-

eins unter Beteiligung der Angehörigen von Vereinen des engeren Umkreises durchgeführt werden.

KATEGORIE B – Leistungsprüfungen von regionaler Bedeutung mit Geldpreisen von 300 bis 700 DM. Dauer bis zu 3 Tagen. An regionalen Leistungsprüfungen können Reiter des Bundeslandes teilnehmen, in dem das Turnier veranstaltet wird. Diese Abgrenzung ist als Richtlinie zu verstehen, so sind z. B. auch Zulassungen nahegelegener Vereine aus Nachbarländern möglich.

KATEGORIE A – Leistungsprüfungen von überregionaler Bedeutung mit Geldpreisen von 800 DM aufwärts, Dauer bis zu 5 Tagen. Überregionale Leistungsprüfungen umfassen Turniere auf Bundesebene. Den drei Kategorien A, B und C entsprechend gibt es eine Gliederung der verschiedenen Leistungsklassen in bezug auf den Ausbildungsgrad des Pferdes und das Können des Reiters.

Kategorie C:	Klasse E	=	Eingangsstufe
	Klasse A	=	Anfangsstufe
Kategorie B:	Klasse L	=	Leicht
	Klasse M	=	Mittelschwer
Kategorie A:	Klasse M	=	Mittelschwer
	Klasse S	=	Schwer

Die bisherige Einteilung in die Klassen A, L, M und S ist um die neugeschaffene Klasse E erweitert worden. Die Wettbewerbe der Klassen A und E gelten als Vorstufe zu den Leistungsprüfungen und geben dem Anfänger und dem Freizeitreiter die Gelegenheit, sein Können mit dem der anderen Reiter zu vergleichen und sich im Turniersport zu beweisen. So sind die lokalen Wettbewerbe, die ländlichen Turniere, von großem Wert für die Nachwuchsförderung.

Für internationale Turniere ist das Réglement Général (RG) der Internationalen Reiterlichen Vereinigung (FEI, Fédération Equestre Internationale) gültig. Die Bezeichnungen der verschiedenen Turniere und die entsprechenden Abkürzungen sind in französischer Sprache: CH – Concours Hippique = Reitturnier; CS – Concours de Saut = Springturnier; CD – Concours de Dressage = Dressurturnier; CC – Concours Complet = Military, Vielseitigkeitsprüfung. Der Buchstabe »N« bezieht sich auf nationale Turniere, »I« auf internationale und »A« auf Freundschaftsturniere (Concours d'Amitié). So ist also z. B. die Bezeichnung für ein internationales Reitturnier CHI. Schließlich gibt es das offizielle internationale Reitturnier CHIO = Concours Hippique International Officiel. Es darf in jedem Land nur einmal pro Jahr ausgeschrieben werden. Der einzige Austragungsort hierfür in unserem Lande ist Aachen.

Auf Turnieren finden Europa- und Weltmeisterschaften in allen Disziplinen mit Einzel- und Mannschaftswertung statt, wobei die Olympischen Spiele einen absoluten Höhepunkt bilden.

Dressurprüfungen

Dressurprüfungen finden in den erwähnten Schwierigkeitsgraden E, A, L, M und S statt. Die drei großen internationalen Dressurwettbewerbe (sie können auch national abgehalten werden), haben einen unterschiedlichen Schwierigkeitsgrad der Aufgaben.

»St. Georg« – Dressur: mittelschwere bis schwere Anforderungen
»Intermédiaire« – Dressur: schwere Anforderungen
»Grand Prix de Dressage« – Großer Dressurpreis: schwerste Anforderungen.

Ein hoher Ausbildungsgrad des Pferdes – Gehorsam, Gymnastizierung, Durchlässigkeit und Schwung – wird bei Dressurprüfungen gefordert. Die Reitkunst muß durch eine vollkommene Einheit zwischen Reiter und Pferd unter Beweis gestellt werden. Feinheit und Korrektheit in der Anwendung der Hilfen sind dabei entscheidend. Die Dressuraufgabe besteht aus mehreren Lektionen, die auswendig – bei weniger schweren Prüfungen auch nach Kommando – und in einer Maximalzeit zu reiten sind. Das Überschreiten der Zeit, Auslassen einer Lektion oder Verreiten erbringen Minuspunkte in der allgemeinen Bewertung. Bei viermaligem Verreiten erfolgt Ausschluß. Die Richter bewerten die Ausführung der Aufgabe nach ihrem Ermessen, und zwar jede Lektion einzeln. Die Wertnoten reichen von 10 = ausgezeichnet bis 0 = nicht ausgeführt. Außer dieser Bewertung werden vor jedem Richter zusätzlich Noten für den Gesamteindruck gegeben, und zwar für die Reinheit der Gänge des Pferdes, den Schwung des Pferdes, Losgelassenheit und Gehorsam des Pferdes sowie Sitz und Einwirkung des Reiters.

Die hauptsächlichen Lektionen einer schweren Dressur (Grand Prix de Dressage), die in bestimmtem Ablauf und mit entsprechend ausgeführten Übergängen in vorgeschriebener Zeit geritten werden müssen, seien hier – ohne Reihenfolge – kurz erläutert.

Versammelter Schritt – erhabene Schritte, die wenig Raum decken; Hinterhufe fußen hinter den Spuren der gleichseitigen Vorderfüße.

Starker Schritt – weite, fleißige, aber nicht eilige Schritte; Hinterhufe fußen über die Spuren der gleichseitigen Vorderfüße.

Versammelter Trab – kadenzierte, ausdrucksvolle, wenig raumgreifende Tritte; Aufrichtung.

Pfingstturnier im Wiesbadener Schloßpark

Dressur vor dem Biebricher Schloß

Mitteltrab – raumgreifendere, schwungvolle Tritte; Energie und Ausdruck in den Bewegungen.

Starker Trab – weite, ausdrucksvolle Tritte; Höchstmaß an Schwung; kraftvoller Schub der Hinterhand.

Versammelter Galopp – erhabene, gesetzte Sprünge; stolze Haltung.

Mittelgalopp – energische, bodengewinnende Sprünge.

Starker Galopp – ausdrucksvolle, gestrecktere Sprünge mit großem Bodengewinn.

Galoppwechsel – Wechsel vom Linksgalopp ohne Taktunterbrechung zum Rechtsgalopp.

9 Galoppwechsel zu 2 Sprüngen – neunmaliger Galoppwechsel nach jeweils zwei Sprüngen; flüssige Bewegungen, das Pferd geradegerichtet und im Gleichgewicht.

15 Galoppwechsel von Sprung zu Sprung – Wechsel bei jedem Galoppsprung, fünfzehnmal hintereinander. Korrekte, flüssige Ausführung; Geraderichtung, Gleichgewicht.

Halten – absolut ruhiges, sicheres Stehen; gleichmäßige Belastung aller vier Beine.

Schaukel – 4 Schritte rückwärts, 4 Schritte vorwärts; 6 Schritte rückwärts treten. Flüssige Übergänge, ohne Anhalten.

Traversale nach links oder nach rechts – geschmeidige, flüssige Vorwärts-seitwärts-Bewegung, Kopfstellung in Bewegungsrichtung; Längsbiegung um den entsprechenden Schenkel.

Passage – Vervollkommnung des Trabs. Erhabener Ausdruck durch höchste Versammlung. Schwebende Bewegung; ganz kurzes Verhalten der Beine vor dem Auffußen.

Piaffe – stolzer Tritt; 10–12 trabartige, erhabene, taktmäßige Tritte auf der Stelle. Vorhand erhoben, frei; gesenkte Kruppe, starke Beugung der Beingelenke.

Pirouette – Wendung auf der Hinterhand im versammelten Galopp; gleichmäßige Sprünge (etwa 4–6). Der innere Hinterfuß ist der Drehpunkt, um den sich Vorhand und äußerer Hinterfuß bewegen.

Einige dieser Lektionen gelten als Übungen der Hohen Schule, bei der – das sei hier angemerkt – unterschieden wird zwischen den »Schulen auf der Erde« mit Galoppwechsel, Pirouette, Piaffe und Passage, sowie den »Schulen über der Erde« mit Pesade, Levade, Mézair, Courbette, Ballotade, Croupade und Capriole. Diese letzteren Übungen – es sind meist der Natur des Pferdes entsprechende, schulisch weitergebildete Bewegungen und Sprünge – gehören nicht zu den Dressuraufgaben. Sie werden bei Vorführungen wie in der Spanischen Reitschule zu Wien oder bei großen Turnierveranstaltungen gezeigt. Ebenso gehört die Quadrille nicht selten als Bereicherung des Programms zu Turnierveranstaltungen.

Die Quadrille, ursprünglich ein aus Frankreich stammender, munterer und bewegungsreicher Tanz, wurde als »Reigen zu Pferd« übernommen. Sie wird heute in verschiedenen Formen und mit unterschiedlicher Anzahl der Reiterpaare ausgeführt. Charakteristisch ist dabei das in vielfältigen Figuren gerittene Sich-Begegnen und Wieder-Auseinanderstreben im Wechsel. Das tänzerische Bild vollendeter Harmonie, Grazie und Einheitlichkeit ist ein besonderer Genuß für die Zuschauer. Quadrillen und Musikreiten werden auch in vielen Reitschulen geübt und zur Freude der Zuschauer bei kleineren Turnierveranstaltungen gezeigt.

Springprüfungen

Bei Springprüfungen werden Springvermögen, Schnelligkeit und Gehorsam des Pferdes und Können, Geschicklichkeit oder Springstil des Reiters nach verschiedenen Richtverfahren (A und C) bewertet. Auch hier gilt wieder die Einteilung in Kategorie A, B, C und die Klassen E, A, L, M und S; wobei Klasse S nochmals in Sa = langer Parcours und Sb = kurzer Parcours unterteilt ist.

Die Beurteilung der Leistungen von Reiter und Pferd bei Prüfungen oder Wettbewerben wird in Punkten und/oder Sekunden ausgedrückt. Als *Parcours* wird die Hindernisbahn bezeichnet, d. h. der Weg, den Reiter und Pferd vom Start bis zum Ziel zurücklegen müssen. Die Länge des Parcours ist für die einzelnen Prüfungen festgelegt, ebenso Höchst- und Mindestzahl, Höchst- und Mindestmaße sowie teilweise auch die Art der Hindernisse. Es wird hierbei zwischen Hallenparcours und dem Parcours im Freien unterschieden. Die Erlaubte Zeit (EZ) und die Höchstzeit (HZ) sind ebenfalls festgelegt; HZ ist das Doppelte von EZ. Start, Ziel, die Wendepunkte und die Begrenzung der einzelnen Hindernisse müssen durch Flaggen – linker Hand weiße, rechter Hand rote – für die Reiter gekennzeichnet sein. Die Hindernisse sind in der zu springenden Reihenfolge – die vom Reiter unbedingt einzuhalten ist – numeriert. Schon 24 Stunden vor Beginn des Turniers steht den Reitern ein Übungsplatz, der Abreiteplatz, mit Probehindernissen zur Verfügung. Vor jeder Prüfung dürfen die teilnehmenden Reiter einmal zu Fuß die Hindernisbahn abschreiten. Sie können zuvor in eine genaue Skizze des Parcours Einsicht nehmen. Als Startzeichen, Zeichen zum Anhalten oder Fortsetzen des Parcours (zugleich der Zeitmessung), Wiederholungssprung oder beim Ausschluß eines Reiters ertönt die Glokke. Der oder die Richter sind, durch eine Richterprüfung qualifizierte Sachverständige, die nach bestem Wissen und Gewissen urteilen. Zur Ermittlung von Siegern und Plazierten gilt folgende Fehlerberechnung:

Der Aufbau eines Parcours stellt den Parcoursgestalter vor eine verantwortungsvolle Aufgabe. Die Hindernisse können in der verschiedensten Art ausgeführt und aufgebaut werden, sollen aber fair sein. Die Linienführung des Parcours muß flüssiges, rhythmisches Reiten gewährleisten.

Die vier Hauptarten von Hindernissen

Hochsprünge (Steilsprünge): Dabei sind alle Teile senkrecht übereinander aufgebaut, z. B. Gatter, Zaun, Mauer, Rick und Gutstor.

Hochweitsprünge: Das Hindernis wird aus mehreren Teilen zusammengestellt, so daß ein hoher und zugleich weiter Sprung gefordert wird, z. B. Oxer aus Doppelrick oder Doppelzaun. Sind beide Hindernisteile gleich hoch, so ist der Sprung schwieriger, als wenn sie stufenartig gebaut sind, d. h., wenn der vordere Teil niedriger ist als der hintere. Hochweitsprünge werden immer von der niedrigen Seite her gesprungen. Bei der Triplebarre ist die Abstufung sogar dreifach. Überbaute Gräben gehören ebenfalls zu den Hochweitsprüngen.

Weitsprünge: Das sind Wassergräben; sie dürfen außer einer Hürde oder Stange als Absprungbegrenzung keinerlei zusätzliche Hindernisse haben.

Ein glimpflich abgelaufener Sturz

Richtverfahren A (Punkte)		Richtverfahren C (Sekunden)
Hindernisfehler	4 Strafpunkte	Umrechnung in Sekunden laut LPO-Tabelle
Sturz von Pferd, Reiter oder von beiden	8 Strafpunkte	–
1. Ungehorsam	3 Strafpunkte	–
2. Ungehorsam	6 Strafpunkte	–
3. Ungehorsam	Ausschluß	Ausschluß
Überschreiten der erlaubten Zeit	¼ Strafpunkt	1 Sekunde
Überschreiten der Höchstzeit	Ausschluß	Ausschluß

Kombinationen: Es gibt zwei-, drei- oder mehrfache Kombinationen. Für diese Sprünge wird die entsprechende Anzahl von Hindernissen hintereinander aufgebaut. Ihr jeweiliger Abstand soll mindestens 6,50 m und darf höchstens 12 m betragen. Neben den offenen Kombinationen gibt es die geschlossenen, bei denen die Begrenzung in jeder Richtung nur durch einen Sprung überwunden werden kann (z. B. Pulvermanns Grab). Auch die festgebauten Hindernisse, die nicht versetzt werden können, wie Wälle, Böschungen usw. gehören zu den Kombinationen. Wälle und Gräben bilden vielfach eine Sprungeinheit, sie können mit zusätzlichen Hindernisteilen versehen werden (z. B. Trakehner Graben).

Außer den Standardspringprüfungen gibt es eine Reihe von Spezialprüfungen (z. B. Stilspringen, Glücksspringen), die allerdings nur im Zusammenhang mit Standardspringen, und zwar jeweils in derselben Klasse, durchgeführt werden können. Es sind Wettbewerbe, und Wettkampfspiele, die mit der Vielseitigkeit ihrer Anforderungen Springstil, reiterliches Können und Geschick fördern und werten. Faires Verhalten des Reiters und Schonung der Pferde sollen Oberstes Gesetz bei allen Wettkämpfen und Leistungsprüfungen sein.

Sicherheitshalber gesprungen

Gelände- und Vielseitigkeitsprüfungen

Um Erfahrung für schwierige Geländeritte und -prüfungen zu sammeln, haben Reiter der Kategorie C und B nach neuesten Richtlinien die Möglichkeit, an Rallye-, Strecken- und Gruppengeländeritten sowie Point to Point-Rennen teilzunehmen.

Die Rallye führt über eine dem Reiter nicht oder nur teilweise bekannte Strecke, die auch nicht ausgeschildert ist. Hierbei können verschiedene Aufgaben gestellt sein, z. B. das Anreiten festgelegter Stationen in bestimmter Zeit, das Ausfindigmachen der Zwischenzielpunkte oder Geschicklichkeitsproben für Reiter und Pferd.

Bei den Streckenritten ist der zu reitende Weg (15 bis höchstens 50 km) ausgeschildert; eine Schnellstrecke von 12 km wird in der ersten Hälfte des Gesamtrittes gefordert. Die Kondition des Pferdes ist tierärztlicher Kontrolle unterzogen.

Gruppengeländeritte führen über eine Strecke von 1 1/2–3 km mit 12–15 festen Hindernissen. Die Gruppen bestehen aus zwei bis vier Teilnehmern; beurteilt wird die Leistung einer Gruppe, nicht die des einzelnen Reiters.

Die Strecke der Point to Point-Rennen umfaßt 1500–2000 m für Klasse A und 2500–3000 m für die Klasse L. Außer den natürlichen Geländehindernissen wie Hänge, Wälle, Gräben usw. gibt es keine zusätzlichen Sprünge. Die Höchstzahl der an einem Rennen beteiligten Reiter ist zwölf.

Geländeritte führen querfeldein auf einer abgesteckten Strecke; sie wird einzeln durchritten. Dabei sind natürliche und erstellte Hindernisse zu überwinden. Die Anforderungen steigern sich von Klasse A mit 1 1/2–3 km Länge und 12–15 festen Hindernissen bis Klasse L mit 2 1/2–5 km Länge und 15–20 festen Hindernissen. Die Wertung richtet sich nach Strafpunkten und Zeit.

Vielseitigkeitsprüfungen (Klasse A und L) bestehen aus drei Teilen: Dressur-, Gelände- und Springprüfung, auszuführen an zwei aufeinanderfolgenden Tagen, Wertung nach Fehlerpunkten und Zeit. Reiter und Pferd müssen hier ein vielseitiges Können unter Beweis stellen. In gesteigertem Maße gilt dies für die Military. Diese große Vielseitigkeitsprüfung, die zu den neueren Reitsportwettbewerben gehört, ist außerordentlich hart, zugleich aufregend und spannend, für Reiter und Pferd anstrengend, zudem nicht ungefährlich – eine Bewährungsprobe besonderer Art.

Militarys bestehen ebenfalls aus den drei Teilprüfungen Dressur – Geländeritt – Springen. Hierfür stehen allerdings drei Tage zur Verfügung. Der hohe Schwierigkeitsgrad dieser Prüfung ließ sie zu einer Disziplin der Olympischen Reiterspiele werden und verleiht ihren Teilnehmern den Ruf besten, vielseitigen reiterlichen Könnens. Der erste Teil einer Military, die Dressurprüfung, findet am ersten Tag statt. Zuvor wird die Verfassung der Pferde kontrolliert. Jeder einzelne Reiter muß eine vorgeschriebene Aufgabe im Dressurviereck auswendig und in einer Zeit von 7–12 Minuten reiten. (Diese wie die folgenden Anforderungen beziehen sich auf Klasse S.) Die Ausführung der einzelnen Lektionen soll vor allem die Durchlässigkeit, Geschmeidigkeit, die Energie, Frische und den Gehorsam des Pferdes unter Beweis stellen, also die Eignung von Reiter und Pferd für ein schwieriges Gelände.

Der zweite Prüfungsteil ist das Kernstück der Military – die Geländeprüfung am zweiten Tage. Sie besteht aus vier verschiedenen, einzeln zu bewertenden Abschnitten, den Phasen A, B, C und D. Die Gesamtstrecke umfaßt 28–35 km mit insgesamt 33–46 Sprüngen.

Phase A = Wegstrecke I (ohne Hindernisse) führt über 4,8 bis 7,2 km und muß in einem Tempo von 220 m/Min. geritten werden.

Phase B = Rennbahnstrecke. Im Renngalopp ist eine Distanz von 3,6 km mit 8–10 Jagdrennbahnsprüngen zu überwinden. Tempo 690 m/Min.

Phase C = Wegstrecke II. Die 9–13 zu reitenden Kilometer müssen im Tempo von 220 m/Min. zurückgelegt werden.

Phase D = Querfeldeinstrecke. Vor Beginn dieser schweren Probe mit Höchstanforderungen für Reiter und Pferd muß eine Pause von 10 Minuten eingelegt werden, in welcher der Zustand und die Verfassung des Pferdes geprüft werden. Auf einer Strecke von 6–8,1 km ist eine sehr große Anzahl – nämlich bis zu 36 – fester Hindernisse zu überwinden. Ihre Höhe darf 1,20 m und die Weite bis zu 4 m betragen; Tempo 570 m/Min. Vor dem dritten Teil der Military werden die Pferde von einem Tierarzt überprüft. Er stellt fest, ob sie nach den vorangegangenen gewaltigen Strapazen in der Lage sind, ohne Schaden an der Springprüfung teilzunehmen. In diesem letzten Teil ist ein Parcours von 700–900 m mit 10–12 Hindernissen zu überwinden, wobei es sich erweisen soll, in welcher Form Reiter und Pferd nach den Anstrengungen der beiden ersten Prüfungstage die geforderten Leistungen bewältigen.

Vielseitigkeitsprüfungen werden heute nur noch in seltenen Fällen offiziell veranstaltet. Es sind die ländlichen Reitvereine, die sich um die Durchführung dieser für Pferdezucht und Reitsport so wichtigen Wettbewerbe bemühen. Das Interesse daran ist bei Reitern wie auch bei den Zuschauern sehr gestiegen. Mehr und mehr setzt sich auch eine Prüfung durch, die ihren Ursprung in England hat – »One Day Event«. Wie der Name besagt, werden hierbei alle drei Prüfungen bei entsprechend kurzer Strecke an einem Tage durchgeführt. Diese Form der Vielseitigkeitsprüfung ist ganz besonders für junge Pferde, die das erste Mal an einem derartigen Wettbewerb teilnehmen, geeignet.

Vor dem Sprung ins Wasser schrecken manchmal sogar erfahrene Military-Pferde zurück

Freizeitreiten und Ferien im Sattel

Daß der Begriff »Freizeitreiter« nicht mit der abwertenden Bedeutung des Wortes Sonntagsreiter gleichzusetzen ist, wurde durch die neuerdings allgemein und in weitem Maße erfolgte Anerkennung der Freizeitreiterei deutlich und soll durch das Verhalten der Freizeitreiter bestätigt werden. Sie haben einen bedeutenden Anteil am Aufschwung des Reitens als Breitensport in unserem Lande, was nicht zuletzt der Pferdezucht zugute kommt.

Das Bestreben vieler Freizeitreiter, sich durch eine gute reiterliche Ausbildung – die nicht selten über die Grundkenntnisse hinausgeht – vom »wilden« oder dem Sonntagsreiter zu unterscheiden, rechtfertigt diese Anerkennung.

Man sollte Freizeitreiterei und Leistungssport nicht vergleichend oder wertmessend gegenüberstellen. Es sind zwei Gebiete mit verschiedener Zielrichtung, die jedes für sich viele positive, aber auch einige negative Seiten haben. Dort, wo sich beide Richtungen treffen – in der Liebe zum Pferd und der Freude am Reiten –, liegt der Ausgangspunkt zu Gemeinsamkeiten.

Die sozialen, pädagogischen, gesundheitlichen und allgemein menschlichen Werte der Freizeitreiterei sind in letzter Zeit deutlich geworden und verhelfen ihr zu weiterer Förderung. Hinzu kommt, daß die Freizeitreiterei auch für die deutsche Landwirtschaft neue wirtschaftliche Aspekte eröffnet. Zunächst einmal in der Zucht; es werden Pferde gefordert, die ausgeglichen im Temperament, bequem zu reiten und relativ problemlos in der Haltung sind. Außerdem ergeben sich durch Haltung von Pensionspferden, Leihpferden und den Komplex »Urlaub auf dem Bauernhof« Nebenerwerbsmöglichkeiten für landwirtschaftliche Betriebe.

Für viele Freizeitreiter ist das Reiten nicht nur eine zufällige Nebenbeschäftigung, Modesache oder Langeweile betäubende Freizeitgestaltung, sondern ein Stück Lebensinhalt, mit Freude und Ernst betrieben. Leistungsmaß und Wettbewerb können dabei im Hintergrund stehen. Die Liebe zum Pferd, der Umgang und die Gemeinsamkeit mit ihm, die Verbundenheit mit Natur und Landschaft, ganz einfach das Glück zu reiten, sind das Hauptmotiv.

»Freizeitreiter« hat es – so gesehen – zu allen Zeiten gegeben, auch ohne diesen kennzeichnenden Begriff, denn immer schon gab es Menschen, die ritten, ohne einen bestimmten Zweck damit zu verbinden, ohne besonderes Leistungsziel und ohne Ehrgeiz. Bei der Freizeitreiterei unterscheiden wir – grob gegliedert – drei Gruppen:

Reiter auf Leihpferden, am Ort oder beim Ferienaufenthalt,

Reiter auf einem eigenen Pferd im Reitstall,

Reiter mit einem eigenen Pferd, das sie selber versorgen (Haltung beim Haus oder in Pension beim Bauern).

Was über die Grundausbildung bisher gesagt wurde, gilt auch für den Freizeitreiter. Ehe er sich mit dem Pferd das erste Mal ins Gelände begibt, was ja meist das erstrebte Ziel ist, muß er sicher im Sattel sein und sollte die Eigenschaften des Pferdes, das er reitet, kennen. Je gefestigter seine Grundkenntnisse sind, um so freier und glücklicher wird er sich fühlen, um so geringer ist das Risiko, sich, sein Pferd oder die Mitmenschen in Gefahr zu bringen.

Wenn ihn nicht die Erfahrung – oft auf schmerzliche Weise – klug machen soll, so muß er vorher einiges bedenken. Seine und des Pferdes Ausrüstung sollen zweckmäßig sein. Inwieweit auf die bewährten Reithosen und Stiefel zugunsten von Blue Jeans und Halbschuhen verzichtet werden kann, das muß jeder nach seiner Erfahrung selber entscheiden. Saloppe Kleidung ist unbrauchbar, wenn sie beim Reiten behindert, klemmt, rutscht, scheuert, sich verhakt und somit die Sicherheit gefährdet. Sicherheit kommt stets an erster Stelle! Darum soll beim Ausritt auch die Sturzkappe getragen werden, die nicht nur beim Sturz, der ja glücklicherweise selten ist, Schutz gibt, sondern auch im Wald gegen Äste und peitschende Zweige. Bei unserer sehr wechselreichen Witterung ist es ratsam, für längere Ausritte einen Regenschutz (Regenhaut) mitzuführen. Handschuhe sollten in jedem Fall getragen werden, nicht allein zur Schonung der Hände, sondern für den Halt der Zügel, ganz besonders wenn diese feucht werden und dann rutschig sind.

Zur Ausrüstung des Pferdes gehört neben dem Sattel – am besten Vielseitigkeitssattel – die Zäumung; bei ihrer Wahl ist keine allgemein gültige Regel aufzustellen, denn jedes Pferdemaul ist verschieden, und jedes Pferd hat andere Gewohnheiten im Gelände. Der Reiter muß daher selber entscheiden oder sich beraten lassen, ob er das Pferd wie üblich mit Trensenzäumung oder Kandare, Hakkamore oder Bosal reitet, und ob er Hilfszügel verwenden soll.

Es bewährt sich sehr, wenn der Reiter bei jedem Ausritt ein leichtes Stallhalfter mit Strick oder einfach einen Anbinderiemen mit sich führt. Freiwillig oder unfreiwillig ergibt sich beim Ausritt schnell einmal eine Rast. Das Pferd darf dann nicht mit den Zügeln angebunden werden; es könnte sich durch ein Kopfrucken losreißen. Daß Gamaschen oder Bandagen, wenn sie als Schutz vor Beinverletzungen angelegt werden, fest und sicher sitzen müssen, wurde schon an anderer Stelle erwähnt, ebenfalls, daß vor jedem Ausritt Zaumzeug, Sattel, Sattelgurt, Bügelriemen und der Hufbeschlag kontrolliert werden müssen. Sonst bedarf es vor dem Spazierritt in vertrauter Umgebung keiner weiteren Vorbereitungen.

Ohne Ziel und Plan, nur von der Schönheit der Natur geleitet, durch die Landschaft zu reiten ist herrlich und beglückend! Zweckmäßig ist es dann allerdings, wenn der Reiter eine Uhr und – sofern er ihn hat – einen Reiterpaß mit sich führt, oder wenigstens eine Karte mit seinem Namen und der Adresse.

Beim Ausritt wird häufig die Gangart, deren Wahl sich selbstverständlich auch nach den Bodenverhältnissen richtet, gewechselt. Längere Schrittstrecken, dann und wann Schritt am langen Zügel, unterbrechen Trab und Galopp. Am ruhigsten wird das Tempo auf dem Heimweg, wenn das Pferd seinem Stall zustrebt. Für das Verhalten des Reiters innerhalb von Ortschaften, in der freien Landschaft, bei der Rast, bei extremen Wetterverhältnissen und bei Dunkelheit gelten immer die gleichen Regeln, ob es sich nun um einen kurzen, langen oder einen Wanderritt handelt. Hier eine Erläuterung der wesentlichsten Punkte:

Vorsicht im Straßenverkehr und auf der Landstraße! Innerhalb der Ortschaften nur Schritt reiten, und zwar möglichst einzeln hintereinander, und stets scharf auf der rechten Straßenseite. Einer Gruppe dürfen nicht mehr als 25 Reiter angehören. Beim Linksabbiegen gut bemerkbare Zeichen geben. Verkehrsreiche Straßen nach Möglichkeit meiden. Am Anfang und am Schluß einer Gruppe sollen sich die erfahrensten Reiter befinden. Dieser Grundsatz gilt auch für das Gelände. Ob einzeln oder in einer Gruppe geritten wird, Reiter müssen sich im Gelände auf die freigegebenen Wege beschränken. Nach neuestem Gesetz wurde sehr großzügig und reiterfreundlich festgelegt, wie weit Wald und Feld dem Reiter offenstehen. Das Reiten auf Waldwegen ist grundsätzlich, allerdings auf eigene Gefahr, gestattet. Ausgenommen sind von dieser Erlaubnis lediglich einzelne Gebiete, in denen das Wild geschützt wird, sowie ausgesprochene Erholungsgebiete, die Wanderern vorbehalten bleiben sollen. Dieses Gesetz wurde sicher auch im Vertrauen darauf erlassen, daß von den Reitern ein rücksichtsvolles Verhalten erwartet werden kann. Rücksicht auf Fußgänger im Walde, besonders auf Kinder! Bei Begegnungen rechtzeitig zum Schritt durchparieren. Nähert sich der Reiter von hinten, auf den weichen Waldwegen meist sehr leise, warnt er durch einen kleinen Anruf. Ein freundlicher Gruß

Ausritt in der Gruppe

freut jeden, dem der Reiter begegnet. Rücksicht muß auch auf das Wild genommen werden, das übrigens, wie die Erfahrung lehrte, durch ruhige, disziplinierte Reiter keinesfalls vergrämt wird. Und schließlich ist auch Rücksicht auf Wege und Landschaften nötig. Die Forstbeamten sehen es nicht gerne, wenn die sorgsam gepflegten Wald- und Wanderwege aufgewühlt oder vertrampelt werden. Paarweises Reiten schont die Wege. Vom Regen aufgeweichte Wege sollte man meiden und gegebenenfalls das erhöhte Mittelstück zwischen den Fahrspuren benutzen. Durch Dickungen und Schonungen, also abseits vom Wege, darf natürlich nicht geritten werden. Auch in der freien Feldlandschaft benutzt der Reiter nur die Wege, am besten die unbefestigten Feldwege und meidet die Felder, Weiden und Wiesen, sowie Böschungen und Raine, um nicht Flurschaden und Ärger zu verursachen.

Wenn sich Reiter begegnen, parieren sie zum Schritt durch, grüßen, und traben bzw. galoppieren erst in ausreichender Entfernung wieder an.

Auf größeren Ausritten werden Pausen eingelegt, wird gerastet. Bei kurzem Stehenbleiben und Absitzen sollte der Reiter sein Pferd nicht fressen lassen, wie er auch verhindern muß, daß es während des Rittes bald hier, bald dort an Ästen rupft und Blätter nascht. Man sieht manchmal Pferde mit ganzen Zweigen im Maul dahertrotten und kunstvoll, mit klapperndem Mundstück, das frische Grün verspeisen. Das kann schnell zur schlechten Angewohnheit werden. Außerdem gibt es eine Reihe von Pflanzen, die für das Pferd unverträglich oder sogar giftig sind. Der Instinkt des Pferdes, diese von den verträglichen Pflanzen zu unterscheiden, ist durch die Gewöhnung an Stallfütterung und durch das Spritzen des Weidebewuchses mit Unkrautvernichter leider vielfach verlorengegangen. Der Genuß giftiger Pflanzen kann beim Pferd zu schweren Koliken, aber auch zum Tode führen. Die bei uns vorkommenden Giftpflanzen sind: Lebensbaum, Buchsbaum, Eibe, Sadebaum, Akazie (Robinie), Goldregen, Liguster, Kirschlorbeer, Tabakpflanzen, Tollkirsche, Schwarzer Nachtschatten, Buschwindröschen, Fingerhut, Schierling, Stechapfel, Sumpfschachtelhalm, Feldrittersporn, Eisenhut, Küchenschelle, Herbstzeitlose, Wilder Mohn, Kornrade, Adonisröschen, Schöllkraut, Bilsenkraut, Seidelbast, Giftlattich, Wolfsmilch, Hahnenfuß, Christrose, Maiglöckchen und Hyazinthe.

Die Vielzahl der giftigen oder schädlichen Pflanzen läßt also zur Vorsicht raten!

Hat sich der Reiter vergewissert, daß er sein Pferd während der längeren Rast grasen lassen kann, dann lockert er den Sattelgurt, nimmt die Trense ab und beläßt nur das Reithalfter, damit es ungehindert fressen kann. Er kümmert sich immer als erstes um sein Pferd. Wenn es erhitzt ist, führt er es vor dem Tränken und Füttern einige Zeit herum. Dann sucht er einen geschützten Platz, denn pralle Sonne und vor allem Zugluft können schädlich sein. Die Witterung ist ein Thema, das für den Reiter, der viel im Gelände ist, und weite Ausritte macht, große Bedeutung hat. Wer selbst ein Pferd besitzt und täglich bewegen möchte, wird sich an den Grundsatz halten: Zu jeder Jahreszeit, zu jeder Tageszeit und bei jedem Wetter kann geritten werden. Bei strömendem Regen, heftigem Sturm, bei Gewitter oder Glatteis ist es allerdings vorzuziehen, das Pferd einmal im Stall stehenzulassen und in der Halle zu bewegen. Regen an sich ist bei entsprechender Kleidung des Reiters kein Hinderungsgrund für einen Ausritt. Dem Pferd macht der Regen gar nichts aus. Man sollte allerdings, wenn möglich, nicht gerade gegen starke Regenböen anreiten, sondern sich besser mit Wind- und Regenrichtung bewegen, wie es auch dem Verhalten des Pferdes in der Natur entspricht. Auf heftige Stürme, Unwetter, Gewitter, von denen man überrascht werden kann, reagieren manche Pferde mit Nervosität oder Panik. Hier muß der Reiter die Ruhe bewahren und sein Pferd gut in der Hand haben. Durch halbe Paraden und die beruhigende Stimme gibt er ihm Sicherheit. Wenn sich eine Gelegenheit zum Unterstellen bietet, kann der Reiter dort das Unwetter abwarten und in der Zwischenzeit sein Pferd trockenreiben oder gegebenenfalls zudecken.

Die Winterzeit stellt mit Kälte, Schnee und Eis den Reiter und Pferdehalter vor manches Problem. Trotzdem kann und darf auf Ausritte nicht verzichtet werden. Pferde sind grundsätzlich nicht kälteempfindlich; ihr Winterfell schützt sie. Das gilt allerdings nicht für Sportpferde, die viel im warmen Stall stehen und fast ausschließlich in der Halle trainiert werden; sie behalten ihr kurzes Fell. Die meisten Pferde der Freizeitreiter und besonders Robustpferde (Ponys, Norweger), die das ganze Jahr über viel im Freien sind, bekommen kräftiges, langes Winterhaar. Ihr Pelz umgibt sie wie eine Wärmeglocke. Vor Zugluft müssen allerdings auch sie geschützt werden. Ausritte im Winter durch die stille verschneite Landschaft sind ein wundervolles Erlebnis. Der Reiter muß jedoch ausreichend warm gekleidet sein und vor allem gefüttert, nicht zu enge Handschuhe und warme Wollstrümpfe tragen. An den Händen und Füßen spürt er die Kälte am stärksten. Ist beim Ausritt mit verharschtem Schnee oder Glatteis zu rechnen, so werden dem Pferd als Gleitschutz Stollen in die Eisen geschraubt, die im Stall wieder abzunehmen sind, um Verletzungen zu vermeiden. Bei pulverigem Schnee ist die Trittsicherheit des Pferdes unbeeinträchtigt. Bei Glatteis ist es ratsam, dem Pferd Zügelfreiheit zu geben, es wird sich so am sichersten bewegen. Im Winter sind die Tage kurz, und es kann dem Reiter leicht passieren, daß er von Dämmerung und Dunkelheit überrascht wird. Darum sollte er bei Ausritten am späteren Nachmittag eine Beleuchtung mit sich führen. Orientierungssinn und Trittsicherheit des Pferdes sind zwar bei Nacht erstaunlich gut, aber für das Reiten bei Dunkelheit, Dämmerung oder Nebel gelten festgelegte Bestimmungen, an die der Reiter sich halten muß. Pferde sollen an den Hinterfüßen spezielle Rückstrahler und der Reiter linksseitig eine Beleuchtung tragen. Wird in einer Gruppe geritten, so trägt der erste Reiter eine weiße, der letzte eine rote Lampe.

Alle Vorschriften und Bestimmungen fußen auf der Erfahrung, daß das Reiten auch mit Gefahren verbunden ist, und ihr Sinn ist es, das Risiko möglichst gering zu halten. Trotzdem sollte sich jeder Reiter durch eine Unfallversicherung und jeder Pferdehalter durch eine Haftpflichtversicherung schützen.

Mit dem Pferde wandern, viele Tage unterwegs sein, das war noch vor einigen Jahren ein kaum erfüllbarer Wunsch, denn Vorbereitung und Durchführung eines solchen Rittes waren sehr schwierig. Einfach ins Blaue zu reiten ist seit langem nicht mehr ratsam. Heute gibt es dagegen eine Fülle von Möglichkeiten, die teilweise bis ins letzte touristisch vorbereitet sind. Natürlich kann ein Wanderritt auch individuell durchgeführt werden, das ist weniger bequem, vielleicht auch kostspieliger und erfordert Zeit und Erfahrung, aber es macht auch besonders viel Freude.

Über das gesamte Bundesgebiet zieht sich ein Netz von Fernreitwegen mit festgelegten, allen Ansprüchen genügenden Stationen. Teilweise sind die Nachbarländer, vor allem Österreich, die Schweiz und die Niederlande, mit einbezogen. Die Angebote sind äußerst vielfältig, nicht allein im Hinblick auf die Route, sondern auch auf die Art der Pferde, Dauer der Ritte usw. Voraussetzung ist jedoch stets eine reiterliche Grundausbildung der Teilnehmer, d. h., sie müssen sich sicher im Gelände bewegen können und sollten möglichst auch einige Praxis im Springen haben. Wanderritte, die von touristischen Organisationen oder von Reiterpensionen aus durchgeführt werden, ersparen dem Teilnehmer die Vorbereitungen. Anders ist es bei Wanderritten, die »privat« von einer Gruppe vom Reitverein, einer Familie oder von Reiterfreunden unternommen werden. Sorgfältige Planung, Organisation und Vorbereitung sind hierbei sehr zu empfehlen. Tages- und Wochenendritte können als »Generalprobe« und Training für längere Wanderritte vorgenommen werden. Die Pferde müssen einen ausreichenden Ausbildungsgrad haben, gesund und in bester Kondition sein. Auf guten Beschlag muß sehr geachtet werden. Die Route wird mit Streckenführung, Tagesetappen, Rastplätzen und Übernachtungsstationen festgelegt. Versorgung und Unterbringung der Pferde muß gesichert sein. Eine bequeme, gute Möglichkeit ist es, wenn ein »motorisierter Freund« alles für Reiter und Pferd Notwendige verabredungsgemäß an die Rastplätze und Quartiere bringt. Andernfalls müssen die Reiter alles das, was gebraucht wird und nicht an den Zielorten zu beschaffen ist, mit sich führen, aber nur das wirklich Notwendige: Decken, Halfter, Anbindestricke und -haken, Eimer, Futterbeutel, Putzzeug, Hufkratzer, Reiseapotheke, Beleuchtung, Ersatz-Sattelgurt und Bügelriemen und schließlich die persönlichen Sachen des Reiters sowie eine gute Wanderkarte. Man muß schon ein bißchen praktisch denken, um alles sicher, zweckmäßig und gut ausgewogen in den Packtaschen, im Mantelsack und am Sattel zu verstauen. Neulinge sollten sich bei alten Wanderreitern, die alle Kniffe und Tricks aus Erfahrung kennen, Rat holen.
Gut vorbereitet, gut ausgerüstet und vielleicht auch mit Petrus' Wohlwollen bedacht, wird den Reitern ein Erlebnis zuteil, das einzigartig ist in der Hektik unserer technisierten Welt. Das Zusammensein mit dem Pferd, die wechselnde Landschaft, Geklapper der Hufe auf Dorfstraßen, unverhoffte Begegnungen, Überraschungen, natürlich auch Pannen, gemütliche Abende, Kameradschaft und Aufeinanderangewiesensein, das sind nur Stichworte eines Märchens, das heute noch Wahrheit sein kann.
Die Angebote der Touristik gehen weit über unsere und unserer Nachbarn Grenzen hinaus, umfassen ferne Länder und Kontinente. Innerhalb Europas sind Irland, England, Frankreich, Ungarn, Spanien und Italien beliebte Ziele. Der Tourismus im Sattel soll in einigen dieser Länder zukünftig weiter ausgebaut werden durch Veranstaltung von internationalen Rallyes, Ausbau und Kennzeichnung von Reitwegen (die kennzeichnende Farbe wird orange sein), Errichtung von Reitzentren und Unterkünften, Sicherstellung im Dienstleistungsbereich (Tierarzt, Schmied, Sattler, Futterhandlungen usw.). Auch in Nordafrika bestehen Möglichkeiten für einen Reiterurlaub. Auf dem amerikanischen Kontinent gibt es besonders interessante Gelegenheiten, zu Pferd durch weites, urwüchsiges Land zu wandern. In Kanada, den Vereinigten Staaten, teilweise auch in Mittel- und Südamerika kann der Reiter Schönheit und Wildnis der Landschaften, folkloristische Feste sowie fremde reiterliche Gewohnheiten und Bräuche kennenlernen. Er sollte sich jedoch darauf einstellen, daß ihm dort in den meisten Fällen der Reitstil, die Art der Sattelung und Zäumung, manchmal auch die Gänge des Pferdes neu sind. In Nord- und Südamerika ist die gebräuchliche Art zu reiten vom Stil der Cowboys bzw. Gauchos bestimmt; d. h. ein bequemer Sitz des Reiters und Schonung des Pferdes bei lang währendem Ritt über weite Distanzen müssen ebenso gewährleistet sein, wie die Wendigkeit bei der Arbeit, dem Viehtreiben. Die Pferde, keine Sport-, sondern Gebrauchspferde, sind nicht in unserem Sinne zugeritten, haben keine dressurmäßige Ausbildung. Durch das »Ein-

Reiterferien am Meer

Es ist darauf zu achten, welches Gelände zum Reiten freigegeben ist

brechen« werden sie gehorsam und gefügig gemacht. Ihre Hauptgangart ist der Galopp, ein kurzer, kräfteschonender Galopp zur Überwindung weiter Strecken. Sie sind hart, ausdauernd und aufgrund ihrer guten Instinkte in jedem Gelände äußerst trittsicher. Der Reiter gibt die Hilfen hauptsächlich durch eindeutige Gewichtsverlagerung und das tief am Sattel liegende Knie. Der leicht durchhängende, geteilte Zügel ist am Pferdehals angelegt und führt – über den Zeigefinger, vom Daumen gedeckt – in die hochgetragene linke Hand. Das Wenden des Pferdes in eine bestimmte Richtung kann daher nur durch seitliches Verschieben der Zügelfaust erfolgen. Wird z. B. der Zügel nach links geführt – dabei wirkt der äußere Zügel fest am Pferdehals liegend ein –, wendet das Pferd nach links (innerer Absatz treibt). Der leichte Sitz im Galopp oder das Leichttraben sind bei dieser Art zu reiten nicht üblich und durch die Form des Westernsattels wie auch des bequemen, breiten Recados – dem Sattel des Gauchos – kaum möglich.

In den Vereinigten Staaten haben seit langem die Pleasure Horses –

Spazierpferde – einen bedeutenden Platz eingenommen. Es ist der Typ des ausdauernden, bequem zu reitenden Pferdes von gutem Charakter wie das Quarter Horse, der Palomino, Pinto oder Appaloosa. Einige amerikanische Rassen haben die Veranlagung zur Mehrgängigkeit, zu Sondergangarten. In Südamerika ist sie fast bei sämtlichen Rassen zu finden. In Nordamerika sind es vor allem der Tennessee-Walker, der Missouri Foxtrotter und das elegante Saddle Horse mit den Sondergangarten Slow-gait und Rack. Dies sind Varianten der bei uns als »Tölt« bekannten Gangart. Der Tölt gilt im Gegensatz zu Schritt, Trab und Galopp nicht als natürliche Gangart, sondern muß vom Reiter entwickelt werden; Voraussetzung ist aber eine Disposition des Pferdes. Sie ist bei vielen Rassen mehr oder minder stark vorhanden; bei einigen wird der Tölt zu ihrer Natur gehörend bezeichnet, z. B. beim Isländer. Die deutschen Warmblutrassen haben keine derartige Disposition, sondern der Tölt gilt bei ihnen als fehlerhafte Gangart. Eine Ausnahme bildet der Deutsche Traber, der aufgrund seiner amerikanischen Blutführung die Veranlagung zum Tölter besitzt. Auch beim Lipizzaner und Andalusier kann diese Sondergangart entwickelt werden.

Der Tölt ist eine Gangart im Viertakt mit einer sehr schnellen Fußfolge. Da jedes Bein einzeln auffußt und somit die Schwebephase entfällt, sitzt der Reiter bequem und ruhig im Sattel. Aus diesem Grund sind Tölter – vor allem Isländer – jetzt auch in Deutschland als Spazierreitpferde beliebt, wie auch die amerikanische Art des Wanderreitens bei uns in zunehmendem Maße Anhänger findet. Eigene Clubs sind entstanden, wo möglichst getreu im Westernstyle mit Cowboysattel und entsprechender Zäumung – Hackamore, Bosal – geritten wird. Diese Reitweise, die auf einem anderen Kontinent, also unter anderen klimatischen und landschaftlichen Gegebenheiten, aus der Arbeit zu Pferde heraus entwickelt wurde, gilt hier bisher als Spielart des Reitens, als »Hobby«.

Breitgefächert sind also die Möglichkeiten für den Freizeitreiter, wobei noch zu erwähnen wäre, daß die Angebote für Reiterferien innerhalb Deutschlands von beispielhafter Vielfältigkeit sind, und daß dabei auch in erfreulicher Weise an die Kinder gedacht wurde.

Auf Ponyhöfen, die es fast an jedem Ort gibt, können sich Kinder mit ihren kleinen vierbeinigen Freunden beschäftigen: mit Ponypflege, Stalldienst und Reiten. Für viele Kinder ist dies die schönste Feriengestaltung. Die ständig wachsende Zahl der kleinen Freizeitreiter, und hier sind es besonders die Mädchen, die sich dem Reitsport widmen, beweist, wie stark sich das Interesse der Jugend auf das Pferd richtet. Für das »Wandern zu Pferd« und die »Ferien im Sattel« innerhalb unseres Landes gibt es einen Reiseführer (Verlag Sankt Georg), der nicht nur Auskunft über die reiterlichen Möglichkeiten an verschiedenen Orten erteilt, sondern auch über die Eigenart der Landschaft und über kulturelle Sehenswürdigkeiten informiert.

Therapeutisches Reiten

Der gesundheitsfördernde Wert des Reitens ist seit mehr als zwei Jahrtausenden bekannt. Hippokrates sprach vom heilsamen Rhythmus der Bewegung des Pferdes, und im Laufe der Geschichte finden Erkenntnisse dieser Art immer wieder Beachtung. 1751 gab Denis Diderot ein enzyklopädisches Lexikon heraus, das eine breite Abhandlung »Über das Reiten und seine Beziehungen zur Erhaltung und Wiederherstellung der Gesundheit« enthält.

In neuester Zeit hat dieses Thema größte Aktualität gewonnen und wird in seinen vielschichtigen Aspekten, Möglichkeiten und Grenzen weiter erforscht. Neben den bisher gewonnenen Erfahrungen und wissenschaftlichen Erkenntnissen ist bereits ein großes Anwendungsfeld für das Reiten als Therapie für Kranke und Behinderte erschlossen. Die gezielte Übungsbehandlung mit und auf dem Pferd gilt als bewährte, aber auch weiterhin vielversprechende Methode der Rehabilitation.

Es muß unterschieden werden zwischen dem Reiten als Therapie, wobei die körperlichen, seelischen und geistigen Bereiche des Kranken als Gesamtheit erfaßt und angesprochen werden, sowie dem Reiten als Behindertensport, bei dem die Eingliederung körperlich Behinderter im Vordergrund steht. Die Hinführung zu selbständigem Reiten als freizeitliche Betätigung ist dabei möglich. Ein gemeinsames Ziel ist es, hilfsbedürftigen Menschen neuen Auftrieb, Lebensmut, Selbstvertrauen und Freude zu geben und den gesundheitlichen Zustand zu bessern.

Therapeutisches Reiten wird in vielen Reitschulen, Tagesstätten und Heimen sowie in Schulen für Behinderte durchgeführt. Es erfordert den Einsatz eines Teams, das aus Arzt, Krankengymnastin und Reitlehrer besteht. Ihre Arbeit wird meist von Helfern – häufig sind es Freiwillige – unterstützt.

Zu der individuell abgestimmten, systematisch aufgebauten Behandlung der Patienten gehört noch das Bestreben des Teams, die Übungsstunde heiter und fröhlich zu gestalten.

Helfer des Menschen ist wieder einmal – und hier in einer ganz neuen Aufgabe – das Pferd. Zur absolut sicheren, gefahrlosen Durchführung des therapeutischen Reitens oder des Behindertenreitens, bedarf es eines ruhigen Pferdes mit zuverlässigem Charakter. Es muß gehorsam an der Longe gehen, weiche, reine Gänge haben, geschmeidige Bewegungen und einen gut bemuskelten Rücken, da vielfach ohne Sattel geritten wird. Es gibt heute bereits speziell für das therapeutische Reiten ausgebildete Pferde, aber auch Voltigierpferde oder ältere Schul- und Dressurpferde haben sich als geeignet erwiesen. Die Erfahrung hat gezeigt, daß sich die Pferde oft in erstaunlicher Weise den gestellten Anforderungen anpassen, daß sie willig sind, bedächtig und aufmerksam. Sie spüren die Hilflosigkeit ihrer Reiter, stellen sich darauf ein und verhalten sich

Einfühlsame Helfer sind beim therapeutischen Reiten nötig

dementsprechend. Die Patienten – vielfach sind es Kinder – verbindet daher Freundschaft, Anhänglichkeit und Liebe mit ihren getreuen Helfern. Auch dies ist schon ein kleiner Teil der Therapie; das »Heilmittel« ist ein lebendes Wesen, keine Arznei, Apparatur, kein Instrument.

Die Anwendung der Therapie erstreckt sich auf Kinder, Jugendliche und Erwachsene; sie ist sehr vielseitig. Aus dem weiten Gebiet der Indikation sei hier genannt spastische Lähmungen, Conterganschäden, Kinderlähmung, Fehlbildung oder Versteifung von Gliedmaßen, Amputationen, Haltungsschäden, Herz- und Kreislaufbeschwerden, Nachbehandlung des Herzinfarkts. Aber auch bei verhaltensgestörten Menschen, bei Süchtigen und Alkoholikern wird die Therapie angewandt. Die Behandlungsübungen können auf verschiedene Weise durchgeführt werden. Das ungesattelte Pferd geht an der Longe; der Patient führt die Übungen nach Angabe des Arztes oder der Krankengymnastin aus. Sie befindet sich in allen Gangarten des Pferdes neben dem Patienten, korrigiert ihn und gibt Hilfestellung. Oder der Patient führt die Übungen (Bälle und Wurfringe werden dabei verwendet) am stehenden Pferd aus, ebenfalls unterstützt und korrigiert von Arzt oder Krankengymnastin. Sie reitet bei schweren Fällen zur Sicherung hinter dem Patienten sitzend mit und hilft bei der Ausführung der Übung. Auf gesatteltem Pferd reitet der Patient alleine und führt gegebenenfalls Übungen aus; hier liegt bereits der Übergang zum Reiten. Dem Zustand des Patienten entsprechend werden auch einzelne Arm- und Beinübungen sowie verschiedene Voltigierübungen ausgeführt.

Die rhythmischen Bewegungen des Pferdes, der Einfluß seiner Körperwärme und die ständige erforderliche Anpassung des Patienten an die Bewegungen können bei regelmäßiger Durchführung der Behandlung eine Kräftigung der Muskeln und Gelenke, eine Beweglichmachung der Gelenke und der Wirbelsäule, eine Besserung der Haltung, die Förderung der Koordination und des Gleichgewichtsempfindens bewirken. Außerdem besteht ein günstiger Einfluß auf Herz, Kreislauf und Atmung.

Ein ganz wesentliches Moment der Behandlung mit und auf dem Pferd ist der psychologische Effekt. Das Glück, reiten zu dürfen, das Erfolgserlebnis, Vorfreude und Freude bringen seelische Entspannung. Für ein Kind, das zeit seines Lebens an den Rollstuhl gefesselt ist, bedeutet das Sitzen und Sichbewegen auf dem Pferd – nicht zuletzt von seiner Blickebene her – Glück und Befreiung.

Die speziell eingerichteten Reiterfeste und Turniere mit therapeutischen, reiterlichen und Dressuraufgaben wie auch die Möglichkeit, Ferien im Sattel zu verbringen, sind für körperbehinderte Kinder und Jugendliche eine große Bereicherung ihres beeinträchtigten Daseins.

Kinder zu Pferd

Was fasziniert Kinder so sehr am Reiten? Ist es die Bewegung, das Obensitzen, Zügelhalten, die Nähe und das »Beherrschen« eines großen Tieres oder ganz einfach das Besondere, ein bißchen Abenteuer? Gewiß ist es die Gesamtheit der Faktoren, und hinzu kommt, daß das Pferd eine starke Anziehungskraft auf Kinder – wie auf den Menschen überhaupt – ausübt.

Die Verbindung mit dem Pferd, sei es beim Voltigieren, Reiten oder beim Stalldienst, ist für das Kind in vieler Hinsicht von großem erzieherischen Wert. Innere und äußere Haltung werden positiv beeinflußt. Das Kind ist ausgefüllt, hat etwas, worauf es sich immer wieder freut: eine natürliche, abwechslungsreiche, gesunde Beschäftigung. Es hat ein Ziel, will vorankommen, muß sich auch einordnen, sich überwinden und bewähren und lernt seinen Körper zu beherrschen. Die Liebe zum Tier wird gefördert, Verständnis für dessen Verhalten geweckt.

Bevor Kinder mit dem Reitunterricht beginnen, können sie durch das Voltigieren Erfahrung im Umgang mit dem Pferd gewinnen, Losgelassenheit und Gleichgewicht erlangen.

Voltigieren bedeutet Turn- und Gymnastikübungen der verschiedensten Art auf dem galoppierenden Pferd ausführen, und zwar allein oder zu mehreren Kindern. Ein Voltigierpferd muß zuverlässig und ausdauernd sein und einen weichen Galopp haben. Da es nicht einfach ist, geeignete Pferde zu finden, ist die Möglichkeit des Voltigierens leider nicht an allen Reitschulen gegeben.

Der Voltigierlehrer steht in der Mitte eines Zirkels. Er hält das Pferd an der Longe und gibt die Hilfen mit der Longierpeitsche. Es bewegt sich auf dem Zirkel, die Kinder – eine Gruppe von 8 bis höchstens 12 – stehen außerhalb. Das Pferd ist mit Reithalfter, Wassertrense, Ausbindezügel, Bandagen und einem gepolsterten Gurt ausgerüstet. Der Gurt sitzt weit vorn, nicht in der Sattellage, und hat zwei Griffe, die dem Kinde beim Ausführen der Übungen als Halt dienen. Außer den Grundübungen Aufsprung, Abgang und Absprung gibt es die Pflichtübungen mit Grundsitz, Fahne, Mühle, Flanke, dem Stehen und der Schere. Die Kürübungen können vielseitig variiert werden, auch unter Verwendung von Springseil, Bällen oder Ringen. Sie erfordern geschmeidige Bewegungen, Geschicklichkeit, Konzentration.

Ein besonderer Ansporn zur Leistung ist es, wenn die Kinder ihr mit Fleiß erlerntes Können bei Wettbewerben und Meisterschaften unter Beweis stellen dürfen.

Nicht minder beliebt ist bei Kindern das *Ponyreiten,* wozu es mannigfache Gelegenheiten gibt. Die Liebe zu den kleinen, originellen vierbeinigen Freunden bindet sie ganz besonders an diesen Sport. Der kindliche Ehrgeiz und Spieltrieb findet hierbei vor allem in abwechslungsreichen, lustigen Reiterspielen – die meist in England ihren Ursprung haben – ein weites Feld.

Wir können unseren Kindern kaum eine gesündere, alle guten Eigenschaften aktivierende Beschäftigung geben als das Reiten.

Die ersten Reitversuche

Kauf und Haltung eines Pferdes

Wer sich zum Kauf eines Pferdes entschließt, sollte eine genaue Vorstellung von den gewünschten Eigenschaften haben, die natürlich dem Verwendungszweck entsprechen müssen. Die Verwirklichung dieser Vorstellung ist nicht immer einfach, zumal sie mit den materiellen Möglichkeiten des Käufers übereinstimmen muß. Ein gut ausgebildetes, gesundes Pferd hat seinen Preis, wobei natürlich das Alter eine Rolle spielt. Da aber die Haltung eines Pferdes – und hier rechnen wir ja mit einem längeren Zeitraum – generell die gleichen Kosten verursacht, ob es sich um ein altes oder junges, ein einwandfreies oder mit Mängeln, Fehlern, Untugenden behaftetes handelt, sollte bei der einmaligen Anschaffungsausgabe nach Möglichkeit nicht gespart werden.

Beim Pferdekauf ist es leider nur in seltenen Fällen möglich, das Pferd der Wahl zunächst einmal wirklich kennenzulernen. Meist sind wir auf kurze Proben und auf die Beurteilung des Exterieurs angewiesen. Dies erfordert aber weitreichende Erfahrung. Wer sie nicht besitzt, darf sich nicht ohne weiteres auf die Angaben des Verkäufers, auf eine gefaßte Zuneigung oder gar auf sein Glück verlassen. Zwar ist der erste Eindruck, den man von einem Pferd gewinnt, zweifellos wesentlich, denn zwischen Mensch und Pferd gibt es – und sogar in starken Maße – eine spontane Sympathie, aber das nützt dem Reiter wenig, wenn das Pferd einen gravierenden Mangel besitzt, und der kann dem edelsten oder dem zutraulichsten Pferd anhaften, ohne zunächst erkennbar zu sein.

Immer wieder finden wir in Romanen, Novellen und Berichten das wenig rühmliche Thema »Viehhandel«, und der Begriff Roßtäuscherei ist sprichwörtlich geworden. Die Geschichten vom faulen Roß, das durch Pfeffer unter dem Schweif feurig wurde, und vom nervösen schwierigen Pferd, das, durch bleischwere dicke Eisen an den Hufen ermüdet, sich sehr sanft präsentierte, sind allgemein bekannt. So plump wird heute nicht mehr verfahren, und der Pferdehandel gilt – von Ausnahmen abgesehen – als einwandfreies Geschäft wie jedes andere. Aber im Hinblick auf die an sich schon schwierige Wahl eines geeigneten Pferdes, ist es dem unerfahrenen Pferdekäufer dringend zu empfehlen, den Rat eines Pferdekundigen und eines Tierarztes einzuholen. Eine Grundregel sei hier noch erwähnt. Keine übereilten Entschlüsse fassen! Die Bedeutung eines Pferdekaufes rechtfertigt Bedacht, Überlegung und reifliche Prüfung. Als nächstes ist zu beachten, daß im Kaufvertrag alle wesentlichen Angaben einzeln und genau schriftlich verzeichnet sein müssen. Ein zuverlässiger Verkäufer wird sich dieser Forderung nicht verschließen. Auch bei der Aufstellung des Vertrages ist die Anwesenheit des Pferdekenners – zugleich als Zeuge – anzuraten. Selbstverständlich muß der Gesichtspunkt, ob das Pferd Papiere besitzt oder nicht, vom Reiter mit Hinblick auf seine sportlichen Vorhaben bedacht und beim Kaufpreis berücksichtigt werden. Eine genaue Prüfung der Papiere ist erforderlich.

Die Hinzuziehung eines Tierarztes vor Abschluß des Kaufvertrages ist deshalb so wichtig, weil der Verkäufer laut Gesetz nicht verpflichtet ist, den Interessenten auf etwaige Fehler des Pferdes hinzuweisen. Unrichtige Angaben, bewußte Täuschung (juristisch mit »Arglist« bezeichnet) durch den Verkäufer, können ihn allerdings zur Schadensersatzleistung zwingen.

Im tierärztlichen Gutachten wird aber vor allem festgestellt, ob Hauptmängel vorhanden sind oder nicht. Als Hauptmangel werden, auch das ist gesetzlich festgelegt, grundsätzliche Fehler eines Haustieres bezeichnet. Beim Pferd gibt es sechs Hauptmängel, die der Verkäufer eines Pferdes bei Vorhandensein dem Käufer zur Kenntnis bringen muß. Wenn er dies wissentlich oder unwissentlich versäumt, kann der Käufer nach tierärztlicher Feststellung eines solchen Mangels den Kauf rückgängig machen. Dies muß innerhalb der gesetzlich festgelegten Frist von 14 Tagen geschehen. Der Verkäufer ist dann verpflichtet, nicht nur den vollen Kaufpreis, sondern gegebenenfalls auch zwischenzeitlich entstandene Unkosten wie Fütterung, Transport usw. dem Käufer zurückzuerstatten.

Die sechs Hauptmängel sind Dämpfigkeit, Dummkoller, Kehlkopfpfeifen, Koppen, Periodische Augenentzündung und Rotz.

Dämpfigkeit ist eine Lungenerkrankung (Lungenerweiterung, Emphysem), bei der auch das Herz in Mitleidenschaft gezogen ist. Sie kann als Folge von chronischer Bronchitis oder verschleppten Erkältungskrankheiten auftreten, und äußert sich in beschleunigtem »doppeltem« Einatmen. Es gibt keine Heilung dieser Krankheit, sondern lediglich Milderung, wenn das Pferd nur leicht bewegt wird und sauerstoffreiche, möglichst staubfreie Luft einatmet.

Dummkoller ist eine unheilbare Gehirnerkrankung, meist durch Wasseransammlung in den Gehirnkammern verursacht. Bewußtsein und Empfindungsvermögen sind stark gemindert; das Pferd wirkt stumpf und willenlos.

Kehlkopfpfeifen entsteht durch chronisch gewordene Kehlkopf- oder Luftröhrenerkrankungen, z. B. Druse. Die Atmung wird durch Stimmbandlähmung behindert, wodurch ein pfeifenartiges Geräusch entsteht. Die Krankheit ist unheilbar.

Koppen ist die Bezeichnung für vorsätzliches, geräuschvolles Luftschlucken. Es ist eine Unart des Pferdes, oft nur eine Angewohnheit aus Langeweile. Sie kann erhebliche Magenstörungen und Koliken hervorrufen. Pferde, die beim Koppen ihre Schneidezähne auf den Krippenrand, die Türkante oder ähnliches aufsetzen, heißen Krippensetzer. Es ist sehr schwierig, dieser Unart erfolgreich zu begegnen und erfordert viel Geduld.

Die Periodische Augenentzündung oder Mondblindheit ist eine in Abständen auftretende, sich jedesmal verschlimmernde Entzündung der inneren Teile des Auges, die fast immer zu Erblindung führt.

Als *Rotz* bezeichnet man eine Infektionskrankheit, die Nase, Haut oder Lunge befällt; sie ist auch für den Menschen ansteckend. In Deutschland ist sie seit vielen Jahren nicht mehr aufgetreten.

Die hier zusammengefaßten Vorsichtsmaßregeln und Gefahren beim Pferdekauf sollen nicht verunsichern oder etwa abschreckend wirken, sondern ein helfender Hinweis sein, damit der Reiter, der sich auf ein eigenes Pferd freut, auch wirklich Freude an ihm hat.

Die Haltung des eigenen Pferdes ist eine schöne, aber auch verantwortungsvolle Aufgabe. Sie erfordert Zeit und Kenntnisse, Zuverlässigkeit und manches Opfer; außerdem ist sie mit nicht unerheblichen Kosten verbunden. Natürlich gibt es, was den Arbeitsaufwand anbelangt, große Unterschiede. Die Haltung eines Ponys ist selbstverständlich anders und in vieler Hinsicht einfacher, als die eines Turnierpferdes.

Ein Grundsatz, den wir nie außer acht lassen dürfen, hat jedoch für jedes Pferd Gültigkeit, gleich welcher Art und Rasse es ist: Die Haltung soll der ursprünglichen Natur des Pferdes weitmöglich Rechnung tragen!

Das Pferd war als Steppentier an helles Licht, an frische Luft und an die Witterungseinflüsse verschiedener Jahreszeiten gewöhnt. Es hatte unbegrenzte Bewegungsmöglichkeit (natürliche Abnutzung der Hufe) und nahm seine Nahrung in kleinen Mengen über den Tag hin verteilt zu sich, wie es seinen Verdauungsorganen entspricht. Als Herdentier lebte es in der Gesellschaft seiner Artgenossen; es gibt kein Pferd, das ohne Zwang zum »Einzelgänger« wird.

Wir müssen diese Gesichtspunkte bei den fünf Grundpfeilern der Pferdehaltung: Unterbringung. Fütterung, Pflege-Hufbeschlag, Ge-

Isländer auf der Winterweide

sundheitsüberwachung und Bewegungsmöglichkeit berücksichtigen. Robustpferde, die das ganze Jahr über – und meist zu mehreren – auf der Weide bleiben, kommen in ihrer Haltung der natürlichen Lebensweise am nächsten. Dabei ist zu beachten, daß die Weide der Anzahl der Pferde entsprechend eine ausreichende Größe und einen guten Grasbewuchs hat. Die Grasnarbe von Weiden, die zu klein sind, kann bei Regenwetter von den Pferden völlig zertreten werden. Sie stehen dann auf feuchter, morastiger Erde. Das ist schädlich, besonders für die Hufe. Die Weide sollte solide, am besten mit einem Holzzaun eingefriedet sein. Ein Wechsel der Weide muß je nach Beanspruchung rechtzeitig vorgenommen werden. Wenn keine Tränke vorhanden ist, muß die tägliche Versorgung mit frischem Wasser sichergestellt sein. Die Pferde benötigen außerdem einen schützenden Unterstand oder Offenstall. Dort wird auch das zusätzliche Futter, hauptsächlich Heu, verabreicht. Ferner muß für die Hufpflege sowie für regelmäßige Wurmkuren (Frühjahr und Herbst) und für die alljährliche Tetanusimpfung gesorgt werden. Das Bürsten und Striegeln, das ja nicht allein der Säuberung des Felles, sondern auch der Hautdurchblutung dient, braucht bei

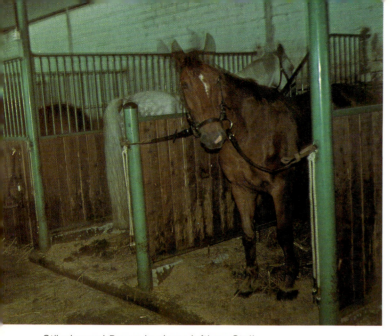

Ständer und Boxen in einem luftigen Stall

Robustpferden nicht in dem Maße vorgenommen zu werden, wie bei den Pferden der Stallhaltung.

Am einfachsten ist die Haltung des eigenen Pferdes in einem Pensionsstall; allerdings ist dabei der Kontakt zum Pferd am geringsten. Man spart sich viel Arbeit, verzichtet aber auf viele Freuden. Pflege und Versorgung werden von den Pferdepflegern übernommen. Meist ist auch die Betreuung durch einen Tierarzt und den Hufschmied mit einbezogen. Gesichert werden muß jedoch, daß das Pferd ausreichend bewegt wird, auch wenn der Besitzer verreist oder verhindert ist. Aber im allgemeinen ist dies kein großes Problem, da sich schnell junge, begabte Reiter finden, die glücklich sind, wenn sie ein Pferd kostenlos reiten dürfen.

Der Wunsch vieler Reiter ist die Haltung des eigenen Pferdes beim Hause oder in der Nähe in einem Bauernstall. Wenn die entsprechenden Voraussetzungen gegeben sind, ist dies auch – bei aller Arbeit und allem Gebundensein – eine große immerwährende Freude. Qualvoll ist es allerdings für ein Pferd, wenn die unerläßlichen Bedingungen einer solchen Haltung nicht erfüllt sind, wenn es durch Unkenntnis oder Nachlässigkeit unzureichend versorgt und

bewegt wird, wenn es in einem dunklen, engen Stall dahinvegetieren muß.

Der Stall ist für das Pferd – im Gegensatz zum Wirtschaftspferd von einst – ein Daueraufenthalt geworden. Wir müssen ihm, besonders wenn kein häufiger Weidegang möglich ist, das Zuhause so gesund, erträglich und angenehm wie möglich machen. Wer einen neuen Stall errichten läßt, denke an die Punkte Raum, Licht, Luft. Wer sein Pferd in einen bereits vorhandenen Stall bringt, prüfe, ob diese Voraussetzungen gegeben sind. Erforderliche Änderungen lassen sich meist mit etwas gutem Willen und Geschick durchführen. Ideal ist es, wenn mehrere, mindestens aber zwei Pferde zusammen untergebracht sind, am besten in Boxen, wo die Zwischenwände so konstruiert sind, daß die Pferde sich sehen und beobachten können. Auch der Lauf- oder Gemeinschaftsstall, in dem sich mehrere Pferde aufhalten, kann gegebenenfalls – besonders für Kleinpferde – eine glückliche Lösung sein und dem Geselligkeitsdrang des Pferdes Rechnung tragen. Es wird hier in kurzer Zeit die Rangordnung unter den »Bewohnern« festgelegt; das Zusammenleben verläuft dann meist reibungslos. Man bemißt beim Gemeinschaftsstall etwa 10 qm für jedes Pferd.

Die meisten Stalluntugenden entstehen durch mangelnde Bewegungsfreiheit. In jedem Fall muß das Pferd, ob in der Box oder im Ständer, so viel Raum haben, daß es sich bequem hinlegen kann. Die Unterbringung im Ständer ist und bleibt eine Notlösung, die dem angebundenen Pferd das Leben in vieler Hinsicht schwer macht. Eine wichtige Forderung für das Wohlbefinden des Pferdes in seiner Stallumgebung ist ausreichendes Licht. Im Halbdämmer lebende Pferde werden stumpf. Der Stall soll hell, gut durchlüftet (ohne Zugluft) und trocken sein. Die Temperatur darf nicht übermäßig von der Außentemperatur abweichen. Überheizte Ställe mindern Leistungs- und Widerstandskraft der Pferde. Die Fenster sollten sich aus Sicherheitsgründen in ca. 2 m Höhe befinden; die Stallhöhe muß 3–4 m betragen. Neben den Fenstern, die genügend Licht und Luftzufuhr gewährleisten, haben sich geteilte Türen sehr bewährt. Der obere Teil kann geöffnet werden, sorgt für guten Luftaustausch, und das Pferd kann Anteil nehmen an den Geschehnissen der Außenwelt. Zugig darf der Stall allerdings nicht sein. Ein Pferd, das etwa 20 Stunden hintereinander immer auf der gleichen Stelle steht, ist durch Zugluft mehr gefährdet, als ein Pferd, das sich im Freien durch Wind oder Sturm bewegt.

Das Pferd ist von Natur aus ein sauberes Tier, daher legt es sich auch nicht auf feuchtes, verschmutztes Stroh. Wir müssen ihm den Stall hygienisch sauberhalten. Der Stallboden soll trocken und rutschfest sein und ein Gefälle haben, damit Flüssigkeit abfließen kann. Die Einstreu muß reichlich gegeben und möglichst täglich gewechselt werden, um so dem Pferd eine trockene Unterlage zu gewährleisten und der Entwicklung von Bakterien, Wurm- und Fliegeneiern entgegenzuwirken. Besonders geeignet ist das aufsaugfähige Stroh (Roggen- oder Weizenstroh). Es darf nicht schimmelig sein, da es sonst bei den Pferden, die es als Rauhfutter zu sich nehmen, Verdauungsstörungen hervorruft. Auch Sägemehl, Sägespäne und Torf werden als Einstreu verwendet; die Staubentwicklung ist hierbei jedoch sehr groß. Ein neuartiger Bodenbelag hat sich als praktisch und hygienisch erwiesen und wird auch von den Pferden sofort akzeptiert. Es sind strohfarbene, poröse Matten aus Gummimaterial. Auf einer grobkörnigen Lage von etwa 1 cm Dicke liegt ein glatter 3 cm dicker Oberbelag. Eine gute Dränage sorgt für Trockenheit und einfache Reinigungsmöglichkeit. Die Matten werden täglich mit Schaufel und Besen gereinigt, hin und wieder abgespritzt, wobei die vorherige Anwendung eines Desinfektionsmittels – besonders im Sommer – einfach und zweckmäßig ist. Der Belag wird durch die Hufeisen nicht angegriffen. Die Pferde stehen auf elastischer trockner Unterlage, auf sie sich auch gerne niederlegen.

Die Futter- und Tränkbehältnisse müssen ebenfalls leicht zu reinigen sein. Sie sollten in etwa 90 cm Höhe angebracht werden. Die Einrichtung von Selbsttränken erspart nicht nur viel Arbeit, sondern gibt vor allem dem Pferd die Möglichkeit, Zeitpunkt und Menge der Wasseraufnahme nach Bedarf zu bestimmen. Da Pferde sehr geschickt im Öffnen von Boxtüren sind, müssen diese gut gesichert sein. Wichtig ist es auch, daß die Öffnung der Stalltür breit und hoch ist, damit sich das Pferd keinesfalls beim Passieren verletzt.

Außer dem Stall wird Raum für Futter, Streu, für Sattelzeug, Putzzeug und für die Geräte gebraucht. Schließlich sollte ein überdachter Platz vorhanden sein, wo das Pferd gearbeitet werden kann.

Unerläßlich für Gesundheit und Leistungsfähigkeit des Pferdes ist das regelmäßige *Füttern und Tränken.* Auf pünktliche Verabreichung, einwandfreie Qualität und die richtige Menge des Futters muß dabei geachtet werden. Mindestens dreimal am Tage erhält das Pferd seine Ration. Es darf, da sein Magen relativ klein ist, keine großen Mengen auf einmal fressen. Die Morgenration wird möglichst eine bis zwei Stunden vor Beginn der Arbeit verabreicht; mittags erhält das Pferd die zweite Mahlzeit und am Abend dann die Hauptration. Die darauf folgende Nachtruhe ist sehr fördernd für den Verdauungsprozeß. Ruhe soll das Pferd auch während des Fressens haben. Es darf nicht – etwa durch Putzen, Ausmisten oder gar Satteln – gestört werden. Die Menge und Zusammenstellung des Futters richtet sich natürlich nach der Größe des Pferdes, nach seinen Leistungen und danach, wie es das Futter verwertet.

Sehr wichtig ist die Beschaffenheit des Futters. Es muß einwandfrei sein, um Darmstörungen, Koliken oder sonstige Schädigungen zu vermeiden. Sowohl Heu wie Hafer sollen abgelagert, dürfen aber nicht muffig oder schimmlig sein. Ausgekeimter Hafer ist unbrauchbar. Frisches Grünfutter soll weder sonnenwarm noch welk verab-

So eine kalte Dusche ist an heißen Tagen auch für Pferde ein Genuß

reicht werden. Hafer bildet den Hauptbestandteil aller Pferdenahrung. Außer diesem Kraftfutter wird dem Pferd täglich Rauhfutter (Heu und Futterstroh) sowie gelegentlich Weizenkleie, Grünfutter, z. B. Wiesengras, Futterhafer und schließlich Saftfutter (Möhren, Zuckerrüben, Runkelrüben) gegeben. Bei besonderen Anstrengungen, nach Turnieren, Jagden, bei Schwäche nach Krankheiten und zur Zeit des Haarwechsels kann dem Pferd Mash verabreicht werden. Diese kraftvolle Mischnahrung besteht aus Quetschhafer, Weizenkleie und Leinsamen, mit kochendem Wasser übergossen und vermischt. Sie wird zweimal wöchentlich abends gefüttert. Bei Appetitlosigkeit kann dem Futter etwas Melasse beigemengt werden. Da der Gehalt an Vitaminen und Spurenelementen bei der üblichen Grundnahrung häufig nicht ausreichend ist, sollten als Ergänzung zusätzliche Gaben von Mineralfutter und nach Angaben des Tierarztes Vitaminpräparate verabfolgt werden.

Ein Pferd braucht täglich frisches Wasser – bis zu 50 l! Es kann eher hungern, als Durst erleiden. Mehrmals am Tage, mindestens drei- bis viermal, muß ihm daher Wasser gegeben werden, falls keine Selbsttränke vorhanden ist. Das Wasser wird vor der Fütterung gereicht. Es darf nicht zu kalt sein, natürlich auch nicht lau oder warm, es soll ja erfrischen. Die Überfütterung eines Pferdes kann zu schweren Erkrankungen führen.

Das gründliche tägliche *Putzen* des Pferdes und das jeweilige Säubern nach der Arbeit oder nach Ausritten ist für sein Wohlbefinden wesentlich. Kräftiges Bürsten und Striegeln sind eine gute Massage und fördern die Hautatmung. Die enormen Staubmengen, die das Fell des Pferdes immer wieder aufnimmt, kennt jeder, der mit Kardätsche und Striegel umgeht. Elektrische Putzmaschinen, ähnlich einem Staubsauger, erleichtern die Arbeit; sie sind bei einigen Pferden sehr, bei anderen gar nicht beliebt! Bürsten, Striegeln und Hufreinigen sind schon ein Stückchen Arbeit, am besten ist es für Pfleger und Pferd, wenn sie schnell und energisch durchgeführt werden. Eine Stallschürze, Kappe oder Kopftuch, ein paar alte Handschuhe und Gummistiefel sind dabei zu empfehlen. Die »Putzhand« hält die Kardätsche (Bürste), die andere Hand den Striegel. Mit langen, ruhigen Strichen wird nun das Pferd von vorne nach hinten gebürstet. Nach jedem Bürstenstrich muß die Kardätsche am Striegel gereinigt werden (in Richtung der Fingerspitzen abstreifen). Grundsätzlich wird mit dem Haar gebürstet, bei sehr verstaubten Stellen auch gegen das Haar. Den Striegel verwendet man hauptsächlich bei starker Verschmutzung (Lehmklümpchen) oder verklebtem Fell zum Aufrauhen. In keinem Fall wird am Kopf, an den Beinen und knochigen Stellen (Hüfte) gestriegelt. Der Kopf muß sehr vorsichtig gebürstet, Augen und Nase mit einem eigenen Schwamm behutsam gereinigt werden. Die Mähne bürstet man gut durch; manchmal muß auch der Kamm verwendet werden, dann aber ohne zu reißen. Aus dem Schweif werden Strohhälmchen mit der Hand entfernt; er wird gebürstet und von Zeit zu Zeit gewaschen. Alle unbehaarten Teile reinigt man mit einem zweiten Schwamm. Zum Schluß wird das Fell noch einmal mit einem Tuch abgewischt, bis es glatt und glänzend ist.

Außer der täglichen Grundreinigung muß das Pferd nach dem Reiten »abgewartet« werden: Bürsten, Sattellage mit dem Schwamm abwischen oder bei günstiger Witterung das ganze Pferd waschen, abspritzen, dann herumführen, bis es trocken ist. In jedem Fall die Hufe auskratzen, Beine auf Verletzungen hin kontrollieren. Wenn das Pferd verschwitzt ist (besonders unter dem Sattel), kann der Schweiß handwarm abgewaschen und mit dem Schweißmesser abgezogen werden. Nach dem Waschen muß es trockengerieben werden, z. B. mit Strohbüscheln. Die Hufe des Pferdes bedürfen sorgfältiger Pflege und besonderen Schutzes durch zweckmäßigen Hufbeschlag. Nachlässigkeit in der Hufpflege führt unweigerlich zu

Huferkrankungen, von denen es sehr viele gibt. Sie können zu Lahmheiten führen und verursachen dem Pferd Schmerz und Beschwerden. Die Hufe sind großer Belastung ausgesetzt. Das Gewicht des Pferdekörpers und zeitweilig das des Reiters lastet auf ihnen. Da sich das Pferd im Laufe von vierundzwanzig Stunden nur für relativ kurze Zeit niederlegt, werden die Hufe lediglich einige Stunden wirklich entlastet. Sie müssen gepflegt, beschnitten, beschlagen und durch richtige Ernährung gesund erhalten werden. Zur täglichen Hufpflege gehört das morgendliche Auskratzen mit dem Hufkratzer und das Reinigen vor und nach jedem Ritt. Besonders sorgfältig muß der Huf nach der Arbeit oder einem Ausritt gesäubert werden: vorsichtig Erde und Schmutz mit der Wurzelbürste entfernen oder den Huf von innen nach außen waschen (nicht bei kalter Witterung), danach mit farblosem Huffett oder Lorbeeröl einfetten. Der obere Rand, die Krone, von der aus das Horn nach unten wächst, muß besonders sorgsam behandelt werden. Durch das Einfetten werden Risse und Sprödigkeit der hornigen Hufteile verhindert.

Um starker Abnutzung der Hufsohle vorzubeugen und zu allgemeiner Schonung des Hufes, wird alle 4–8 Wochen beschlagen. Zuvor muß das nachgewachsene Horn entfernt werden. Vorder- und Hinterhufe sowie linker und rechter Huf sind unterschiedlich geformt. Die Eisen müssen daher – ob kalt oder warm geschlagen wird – genau der Form des jeweiligen Hufes angepaßt sein.

Dem Reiter sollte es zur selbstverständlichen Gewohnheit werden, immer wieder zu prüfen, ob sich kein Eisen gelockert hat. Auch muß er während längerer Ritte und nach jedem Ausritt darauf achten, ob Fremdkörper in den Huf eingedrungen sind. Beim Nageltritt wird der Gegenstand aus der zuvor markierten Stelle vorsichtig herausgezogen. Dann wird kontrolliert, ob keine Rückstände verblieben sind. Wundstelle und Umgebung werden desinfiziert. Nötigenfalls wird der Einstich vom Tierarzt oder Hufschmied ausgeschnitten; das Pferd braucht dann Stallruhe.

Kenntnisse über *Erste Hilfe* beim Pferd und über die verschiedenen Anzeichen einer beginnenden Krankheit muß jeder Reiter und jeder Pferdehalter besitzen. Auch muß er wissen, wann sein Pferd gegen Wundstarrkrampf geimpft wurde. Gegebenenfalls wird bei Verletzungen sofort die Tetanusinjektion durch den Tierarzt verabreicht. Kleinere Verletzungen werden desinfiziert und mit Wundpuder behandelt; sie heilen meist schnell und gut. Bei allen offenen Wunden ist äußerste Sauberkeit wichtig, um Infektionen und Ablage von Fliegeneiern in der warmen Jahreszeit zu verhindern. Bei schweren Verletzungen wird umgehend der Tierarzt gerufen. Bis zu seinem Eintreffen kein Desinfektionsmittel anwenden, da sonst möglicherweise nicht mehr genäht werden kann. Blutungen können indessen durch alaungetränkte Watte gestillt, oder es kann ein Druckverband angelegt werden. Bei heftigen, anhaltenden Blutungen wird oberhalb der Wunde, zum Herzen hin, abgebunden. Verletzungen in Augennähe nicht mit starken Mitteln desinfizieren, sondern mit Kamille behandeln. Blutergüsse sollen gekühlt werden, z. B. durch häufig gewechselte Umschläge mit essigsaurer Tonerde. Hat das Pferd einen Satteldruck, so muß es unbedingt geschont werden. Die Druckstelle wird desinfiziert, mit Wundpuder behandelt, oder es können Prießnitzumschläge mit essigsaurer Tonerde angelegt werden. Die Heilung ist langwierig. Die Ursache des Drucks muß am Sattel bzw. der Decke beseitigt werden.

In jeden Stall gehört eine sauber gehaltene, übersichtlich angeordnete Stallapotheke. Die notwendigen Grundbestandteile sind: Fieberthermometer (mit Bindfaden), Schere, Pinzette, Verbandklammern, Verbandzeug aller Art, Watte, Heftpflaster, Bandagen (8 bis 10 cm breit), Abbinde-Gummischlauch, Jod, Wundpuder, Alaun, antibiotisches Spray, essigsaure Tonerde, Alkohol und sonstige Desinfektionsmittel, zusätzlich die vom Tierarzt empfohlenen Präparate. Eine beginnende Erkrankung des Pferdes wird durch bestimmte Anzeichen signalisiert, z. B. Teilnahmslosigkeit, Freßunlust, Schweißausbrüche, Schüttelfrost, Steifheit, trübe Augen, stumpfes, struppiges Haar, Atemstörungen, Husten, Nasenausfluß. Bei derartigen Alarmzeichen sollte jeder Pferdehalter, der nicht über große Erfahrung verfügt, sich keinesfalls mit weiterem Beobachten begnügen, sondern den Tierarzt zu Rate ziehen. Wer selber experimentiert und das Pferd unsachgemäß behandelt, kann Schädigungen herbeiführen, die dann selbst der Tierarzt nicht mehr auszuheilen vermag. Bei jeder Veränderung im Verhalten und Befinden des Pferdes muß daher sofort reagiert werden, d. h. Stallruhe, eventuell Isolierung des Pferdes, Puls fühlen (Mittel- und Zeigefinger am Unterkiefer innen) und die Temperatur messen (rektal). Die Normaltemperatur eines ausgewachsenen, gesunden Pferdes liegt zwischen 37,5–38,2° C, die Pulsschläge betragen 30–44 pro Minute.

Sofortmaßnahmen bis zum Eintreffen des Tierarztes sind bei folgenden Erkrankungen: Bei *Koliken* sind die Symptome Unruhe oder Schlagen nach dem Bauch, wiederholtes Hinlegen, Wälzen, nicht misten und Wasser lassen können. Das Pferd muß bewegt, also geführt werden. Heftiges Niederwerfen und Wälzen ist zu verhindern. Wasser darf, Futter darf nicht gegeben werden.

Bei *Nierenverschlag* sind die Symptome plötzliches Auftreten von Steifheit, Bewegungsstörungen der Hinterhand, deren Muskelgruppen teilweise erhärten oder anschwellen, Schweißausbruch. Der Urin ist rot-braun oder braun-schwarz gefärbt. Das Pferd darf bis zum Eintreffen des Tierarztes nicht mehr bewegt werden. Heiße Tücher über die Lendengegend gebreitet mildern die Schmerzen.

Die richtige Haltung beim Hufauskratzen

Erkältungskrankheiten, Druse, Pferdegrippe (Husten) erkennt man an den Symptomen Schüttelfrost, Fieber, Freßunlust, Teilnahmslosigkeit, Nasenausfluß, Husten. Wegen möglicher Ansteckungs- und epidemischer Verbreitungsgefahr muß das Pferd sofort isoliert werden und hat Stallruhe.

Auch beim Pferd gilt der Grundsatz: Vorbeugen ist besser als Heilen. Daher ist Überanstrengung ebenso schädlich wie Verweichlichung. Sachgemäße Haltung und ausreichendes Bewegen des Pferdes sind die beste Sicherung seiner Gesundheit, des Wohlbefindens und der Leistungskraft.

Register

Für jeden etwas...

Praktische Gebrauchsbücher stehen Ihnen, lieber Leser, mit Rat und Information zur Seite, wenn es darum geht, Fragen des täglichen Lebens zu beantworten.
Die hervorragende Sachkenntnis und die verständliche Sprache unserer Fachautoren sind ebenso selbstverständlich wie die sorgfältige Ausstattung unseres großen Buchprogramms. Damit bietet Ihnen der Falken-Verlag Bücher zum Lesen und Nachschlagen, mit denen Sie Ihr Leben aktiv und erfolgreich gestalten können.

Orientteppiche
(Best.-Nr. 5046)   DM 9,80

Kalte und warme Vorspeisen
(Best.-Nr. 5045)   DM 9,80

Raffinierte Steaks
(Best.-Nr. 5043)   DM 9,80

Schwimm mit!
(Best.-Nr. 5040)   DM 9,80

Spanische Küche
(Best.-Nr. 5037)   DM 9,80

Zugeschaut und mitgebaut
(Best.-Nr. 5031)   DM 14,80

Kalte Happen und Partysnacks
(Best.-Nr. 5029)   DM 9,80

Gemüse und Kräuter
(Best.-Nr. 5024)   DM 9,80

Die Selbermachers
(Best.-Nr. 5013)   DM 14,80

Bitte
umblättern

**Mit Falken
sind Sie immer
gut beraten.**

Das neue Hundebuch
(0009) Von W. Busack, überarbeitet von Dr. med. vet. A. Hacker, 104 S., zahlreiche Abb. auf Kunstdrucktafeln, kart., DM 5,80

Erbrecht und Testament
mit Erbschaftssteuergesetz 1974
(0046) Von Dr. jur. H. Wandrey, 112 S., kart. DM 6,80

Geschäftliche Briefe des Handwerkers und Kaufmannes
(0041) Von A. Römer, 96 S., kart. DM 5,80

Der neue Briefsteller
(0060) Von I. Wolter-Rosendorf, 112 S., kart. DM 5,80

Fibel für Zuckerkranke
(0110) Von Dr. med. Th. Kantschew, 148 S., Zeichng., Tabellen, kart., DM 6,80

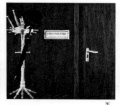

Die erfolgreiche Bewerbung
(0173) Von W. Manekeller, 152 S., kart., DM 8,80

Verse fürs Poesiealbum
(0241) Von Irmgard Wolter, 96 S., 20 Abb., kart., DM 4,80

Heimwerker-Handbuch
Basteln und Bauen mit elektrischen Heimwerkzeugen
(0243) Von Bernd Käsch, 240 S., 229 Fotos und Zeichnungen, kart., DM 9,80

Großes Rätsel-ABC
(0246) Von H. Schiefelbein, 416 S., gbd., DM 16,–

Stricken, häkeln, loopen
(0205) Von Dr. Marianne Stradal, 96 S., 100 Abb., kart., DM 5,80

Karate — ein fernöstlicher Kampfsport Band 1
(0227) Von Albrecht Pflüger, 136 S. mit 195 Fotos und Zeichnungen, kart., DM 9,80

Wie soll es heißen?
(0211) Von Dr. Köhr, 88 S., kart., DM 4,80

Beliebte und neue Kegelspiele
(0271) Von Georg Bocsai, 92 S., 62 Abb., kart., DM 4,80

Vorbereitung auf die Geburt
(0251) Schwangerschaftsgymnastik, Atmung, Rückbildungsgymnastik. Von Sabine Buchholz, 112 S., 98 Fotos, kart., DM 6,80

Flugmodelle
bauen und einfliegen
(0361) Von Werner Thies und Willi Rolf, 160 S., 83 Abbildungen und 7 Faltpläne, kart., DM 9,80

Glückwünsche, Toasts und Festreden zur Hochzeit
(0264) Von Irmgard Wolter, 88 S., kart., DM 4,80

Tauchen
Grundlagen — Training – Praxis
(0267) Von W. Freihen, 144 S., 71 Fotos und Farbtafeln, DM 9,80

Ostfriesenwitze
(0286) Band II: Enno van Rentjeborgh, 80 S., 10 Karikaturen, kart., DM 3,–

Selbst tapezieren und streichen
(0289) Von Dieter Heitmann und Jürgen Geithmann, 96 S., 49 Fotos, kart., DM 5,80

Ikebana Band 1:
Moribana — Schalenarrangements
(0300) Von Gabriele Vocke, 164 S., 40 großformatige Vierfarbtafeln, 66 Schwarzweißfotos und Graphiken, gbd., DM 19,80

Kung-Fu II
Theorie und Praxis klassischer und moderner Stile
(0376) Von Manfred Pabst. 160 S., 330 Abb., kart., DM 12,80

Münzen
Ein Brevier für Sammler
(0353) Von Erhard Dehnke, 128 S., 30 Abbildungen – teils farbig –, kart., DM 6,80

Pilze erkennen und benennen
(0380) Von J. Raithelhuber. 136 S., 106 Farbfotos, kart., DM 7,80

Ziervögel in Haus und Voliere
Arten · Verhalten · Pflege
(0377) Von Horst Bielfeld, 144 S.,
32 Farbfotos, kart., DM 9,80

Beeren und Waldfrüchte
erkennen und benennen –
eßbar oder giftig?
(0401) Von Jörg Raithelhuber, 136 S.,
90 Farbfotos, 40 s/w, kart., DM 9,80

Tee für Genießer
(0356) Von Marianne Nicolin,
64 Seiten, 4 Farbtafeln, kart., DM 5,80

Fred Metzlers Witze mit Pfiff
(0368) 120 S., Taschenbuchformat,
kart., DM 6,80

Selbst Brotbacken
mit über 50 erprobten Rezepten
(0370) Von Jens Schiermann, 80 S.,
mit 6 Zeichnungen und 4 Farbtafeln,
kart., DM 6,80

Kalorien · Joule
Eiweiß · Fett · Kohlehydrate
tabellarisch nach gebräuchlichen
Mengen
(0374) Von Marianne Bormio, 88 S.,
kart., DM 4,80

Flugzeuge
Von den Anfängen bis zum 1. Weltkrieg
(0391) Von Enzo Angelucci,
deutsch von E. Schartz, 320 S., mit
mehreren hundert Abb., meist vierfarbig, gbd., DM 19,80

Von der Verlobung
zur Goldenen Hochzeit
Vorbereitung – Festgestaltung –
Glückwünsche
(0393) Von Elisabeth Ruge, 120 S.,
kart., DM 6,80

Die 12 Sternzeichen
Charakter, Liebe und Schicksal
(0385) Von Georg Haddenbach,
160 S., gbd., DM 9,80

Möbel aufarbeiten, reparieren
und pflegen
(0386) Von E. Schnaus-Lorey,
96 S., 104 Fotos und Zeichnungen,
kart., DM 6,80

Selbst Wahrsagen mit Karten
Die Zukunft in Liebe, Beruf und
Finanzen
(0404) Von Rhea Koch, 112 S., mit
vielen Abb., Pbd., DM 9,80

Einkochen
nach allen Regeln der Kunst
(0405) Von Birgit Müller, 96 S.,
8 Farbt., kart., DM 7,80

Häschen-Witze
(0410) Gesammelt von Sigrid Utner,
80 S., mit 16 Zeichnungen, vierfarbiger
Schutzumschlag, brosch., DM 3,–

Spielend Schach lernen
(2002) Von Theo Schuster, 128 S.,
kart., DM 6,80

Spiele für Kleinkinder
(2011) Von Dieter Kellermann. 80 S.,
kart.; DM 5,80

Knobeleien und Denksport
(2019) Von Klas Rechberger, 142 S.,
mit vielen Zeichnungen, kart., DM 7,80

Lirum, larum, Löffelstiel
(5007) Von Ingeborg Becker, 64 S.,
durchgehend vierfarbige Abbildungen
Spiralheftung, DM 7,80

Zimmerpflanzen
(5010) Von Inge Manz, 64 S.,
98 Farbabbildungen, Pbd., DM 9,80

Reiten
Vom ersten Schritt zum Reiterglück
(5033) Von Herta F. Kraupa-Tuskany,
64 S., mit vielen Zeichnungen und
Farbabb., Pbd., DM 9,80

Die Selbermachers renovieren
ihre Wohnung
(5013) Von Wilfried Köhnemann,
148 S., 374 Farbabb., Zeichnungen
und Fotos, kart., DM 14,80

Desserts
(5020) Von Margit Gutta, 64 Seiten mit
38 Abbildungen, durchgehend vierfarbig, Pbd., DM 9,80

Bauernmalerei
leicht gemacht
(5039) Von Senta Ramos, 64 S.,
78 vierfarbige Abb., Pbd., DM 9,80

Großes Getränkebuch
Wein · Sekt · Bier und Spirituosen
aus aller Welt, pur und gemixt
(4039) Von Claus Arius, 288 S., mit
Register, 179 teils großformatige
Farbfotos, Balacron mit farbigem
celloph. Schutzumschlag, Schuber,
DM 58,–

Moderne Fotopraxis
Bildgestaltung · Aufnahmepraxis ·
Kameratechnik · Fotolexikon
(4030) Von Wolfgang Freihen, 304 S.,
mit 244 Abbildungen, davon 50 vierfarbig, Balacron mit vierfarbigem
Schutzumschlag, abwaschbare Poly-
leinprägung, DM 29,80

Wir spielen
Hundert Spiele für einen und viele
(4034) Von Heinz Görz, 430 S., mit
370 farbigen Zeichnungen, gbd.,
DM 26,–

Moderne Schmalfilmpraxis
Ausrüstungen · Drehbuch · Aufnahme
Schnitt · Vertonung
(4043) Von Uwe Ney, 328 S., mit über
200 Abbildungen, teils vierfarbig,
Balacron mit vierfarbigem Schutzumschlag, DM 29,80

Kampfsport Fernost
Kung-Fu · Judo · Karate · Kendo ·
Aikido
(4108) Von Jim Wilson, dt. von
H.-J. Hesse, 88 S., mit 164 farbigen
Abb., Pbd., DM 22,–